DIREITO DESCOMPLICADO

50 PERGUNTAS E RESPOSTAS

DAS AUTORAS DE

PÃO DE LAW

LUÍSA TEIXEIRA DA MOTA & INÊS ROGEIRO

DIREITO DESCOMPLICADO

50 PERGUNTAS E RESPOSTAS

ALMEDINA

DIREITO DESCOMPLICADO
50 PERGUNTAS E RESPOSTAS
AUTORES
Luísa Teixeira da Mota e Inês Rogeiro

EDITOR
EDIÇÕES ALMEDINA, S.A.
Avenida Emídio Navarro, 81, 3D
3000-151 Coimbra
Tel.: 239 851 904 · Fax: 239 851 901
www.almedina.net · editora@almedina.net

DESIGN DE CAPA
EDIÇÕES ALMEDINA, S.A.

ILUSTRAÇÃO DE CAPA
Constança Soromenho

PRÉ-IMPRESSÃO
Patrícia Boleto

IMPRESSÃO E ACABAMENTO
AAAAAAAAA

Setembro, 2022
DEPÓSITO LEGAL
???

ALMEDINA | GRUPOALMEDINA

BIBLIOTECA NACIONAL DE PORTUGAL – CATALOGAÇÃO NA PUBLICAÇÃO
DIREITO DESCOMPLICADO : 50 PERGUNTAS E RESPOSTAS /
Luísa Teixeira da Mota, Inês Rogeiro
MOTA, Luísa Teixeira da, e outro
978-989-40-0766-1
I – ROGEIRO, Inês
CDU 34

ÍNDICE

NOTA INTRODUTÓRIA

Este livro não pretende ser um livro de Direito, não aspira a ser um livro de auto-ajuda e gostávamos que não fosse o livro debaixo da perna da mesa para endireitar refeições.

"Direito Descomplicado – 50 PERGUNTAS E RESPOSTAS" nasce do projeto "Pão de Law", um programa, no YouTube e Instagram, que, em vídeos de cerca de 3 minutos, procura descomplicar questões ou temas jurídicos que nos interessam a todos, enquanto cidadãos inseridos numa vida em comunidade que obedece a certas regras e que se rege por determinados princípios.

Com este livro pretendemos contribuir para a cultura geral de todos e disponibilizar informação útil e algumas curiosidades, sem, naturalmente, substituir o aconselhamento que, só perante um caso concreto, um advogado poderá prestar.

Procurámos abordar assuntos diversos que acabam por surgir na nossa vida e que seriam mais fáceis se todos soubéssemos um pouco de Direito. É possível perceber o Direito e, achamos nós, que cabe a quem lida com ele diariamente, explicá-lo, de forma acessível, a todos os que, sabiamente, não entraram no mundo do Direito, mas, inevitavelmente, se veem confrontados com as suas consequências. Este é o nosso pequeno contributo para a descomplicação do que é, tendencialmente, complicado.

Lembramos que cada caso é um caso, e que não há respostas certas ou erradas para problemas em abstrato. Às vezes, nem as há para problemas em concreto. De facto, pode haver situações em que estamos perante os mesmos factos, mas o desfecho é diametralmente oposto.

A leitura deste livro não dispensa, por isso, o aconselhamento junto de profissionais – advogados, solicitadores, notários, etc.

Inês Rogeiro e Luísa Teixeira da Mota
Julho de 2022

FAMÍLIA

1.
Como escolho o regime de bens do meu casamento?

O Jorge e a Emília estão a planear o seu casamento. Já têm local, lista de convidados e DJ, mas a Emília lembrou-se que era preciso decidir o regime de bens que iam escolher.

Na verdade, quando alguém se decide casar, além do *catering*, é essencial decidir o regime de bens que vai ser adotado.

O regime de bens é, essencialmente, o conjunto de regras que define a titularidade dos bens do casal, ou seja, as regras que permitem saber se há e quais são os bens comuns (bens que pertencem a ambos) e quais os bens próprios de cada um dos cônjuges.

Em Portugal, os noivos podem escolher um de três regimes de bens: a comunhão de adquiridos, a comunhão geral ou a separação de bens.

O regime regra – não é preciso dizer nada, é o *default* se os noivos não escolherem – é o regime da comunhão de adquiridos. Neste regime, há dois tipos de bens: os bens próprios e os bens comuns do casal.

Neste regime de bens, consideram-se bens próprios aqueles que os noivos já tinham antes de se casarem, e os bens que venham a ser herdados ou doados a um dos noivos, mesmo depois do casamento.

Os bens comuns do casal serão os bens que cada um, ou os dois conjuntamente, adquirirem depois do casamento e que passam a ser propriedade dos dois. O ordenado de cada um dos cônjuges, por exemplo, vai ser considerado um bem comum. É verdade, o "produto do trabalho" do Jorge será, também, património da Emília e vice-versa.

Podemos simplificar dizendo, genericamente, que no regime da comunhão de adquiridos, após o casamento tudo o que vier é dos dois, mas atenção: se se tratar de uma herança ou de uma doação, o bem herdado ou doado será considerado bem próprio daquele que o recebeu, apesar de ter sido recebido depois do casamento.

Já no regime da comunhão geral, todos os bens, passados ou futuros, comprados ou recebidos gratuitamente, são dos dois e, portanto, nesse regime, a herança que o Jorge vai receber da sua querida Avó também vai pertencer à Emília, e o apartamento que o Pai da Emília lhe ofereceu depois do casamento também vai pertencer ao Jorge.

Este é, assim, o regime em que há maior comunicabilidade de bens do casal, mas mesmo assim há bens que, neste regime, serão considerados bens próprios de cada um. Estamos a falar, por exemplo, de uma indemnização que a Emília venha a receber em virtude de um acidente de trabalho ou das roupas e outros objetos de uso pessoal e exclusivo de cada um dos cônjuges, bem como os seus diplomas e a sua correspondência. Também o Chihuahua que a Emília já tinha antes de casar vai ser sempre um bem próprio seu.

Por último, temos o regime da separação de bens: neste regime, cada um tem os seus bens e o amor pode ser muito, mas o que é da Emília é só mesmo dela. Neste regime não há comunhão de bens, só mesmo de mesa e leito, idealmente. Na verdade, aquilo que caracteriza o regime da separação é precisamente a inexistência de bens comuns, embora nada impeça que os cônjuges adquiram bens em compropriedade: se a Emília e o Jorge comprarem uma casa a meias, serão ambos proprietários dessa casa.

Quanto ao recheio da casa, e na dúvida sobre a propriedade, a lei prevê que se deve presumir que pertence em compropriedade aos dois. Claro que se houver faturas, a propriedade desses objetos é de quem aí tiver o seu nome.

Neste regime de separação existe, claro, uma maior liberdade de disposição dos bens. Ao contrário do que acontece nos outros regimes, a Emília não precisa de autorização do Jorge para vender as suas coisas e o Jorge também não tem de pedir o consentimento da Emília para vender o seu carro – mas caso um deles queira vender, arrendar ou mesmo emprestar a casa onde vivem (a chamada "casa de morada de família"), o outro terá de autorizar.

No regime da separação, as dívidas também não se comunicam. Isto significa que as dívidas do Jorge são só dele, e só os bens dele podem ser atacados caso venha a haver uma execução para cobrança dessas dívidas.

O regime da separação de bens é o regime obrigatório se algum dos noivos tiver mais de 60 anos – uma previsão da lei para evitar os chamados golpes do baú de que todos já ouvimos falar.

Este é um dos exemplos que demonstra que os noivos, em certas circunstâncias, não são totalmente livres para escolher o seu regime de bens. Também se for o caso de o Jorge ou a Emília terem filhos – mesmo que maiores – de anteriores casamentos, não podem escolher o regime da comunhão geral. Esta proibição pretende proteger os filhos que já existem antes do casamento e que não são filhos comuns do casal que se vai formar.

Por outro lado, há quem pense que se casar em separação de bens não vai ser herdeiro do outro. Isto, em princípio, não é verdade. Em caso de morte de um dos membros do casal, mesmo que estejam casados em separação de bens, aquele que sobreviver é herdeiro do outro. Só não será assim se os noivos, quando casarem, além de escolherem o regime de separação de bens, renunciarem expressamente à condição de herdeiro legitimário um do outro, possibilidade que a lei prevê desde 2018.

O regime de bens poderá não parecer muito relevante quando os noivos se casam, mas em caso de divórcio e/ou de morte de um deles, o regime em que se casaram fará toda a diferença.

2.
União de Facto ou Casamento: qual a diferença?

A Sheila e o Simão são um jovem casal apaixonado. Há dez anos decidiram juntar os trapinhos sem pensar em casar, mas ultimamente a Sheila tem dito ao namorado que talvez devessem casar porque ficavam "mais protegidos em termos de direitos".

O Simão discorda porque, na sua opinião, o casamento é só um papel. Afinal, que diferenças existem entre a união de facto e o casamento?

O casamento é um contrato celebrado entre duas pessoas, independentemente do sexo, que querem constituir família e partilhar a vida e, para ser válido, tem de ser registado no registo civil – seja um casamento religioso ou não.

Este contrato define direitos e deveres para ambas as pessoas e altera o seu estado civil, tornando-as casadas. Aliás, se se divorciarem, nunca mais voltam a ter o estado civil de solteiras. Serão sempre divorciadas ou novamente casadas, ou, num cenário mais trágico, viúvas.

Por sua vez, a união de facto – que não equivale a nenhum contrato – corresponde à situação de duas pessoas que vivem juntas há mais de 2 anos em condições semelhantes à das pessoas casadas (ou seja, com comunhão de mesa, leito e habitação), mas não altera o seu estado civil: a pessoa continua a ser considerada solteira, embora, caso faça prova da sua união de facto, tenha alguns dos direitos das pessoas casadas.

Na verdade, e porque se chegou à conclusão de que os unidos de facto também mereciam ser titulares de direitos em função dessa união, em 2001 foi aprovada uma lei que adotou medidas de proteção para a união de facto e que protege as pessoas que tenham decidido juntar-se sem se casar, por exemplo:

- No caso de morte de um deles, podem pedir o subsídio de morte e uma pensão de sobrevivência;
- Podem entregar a declaração de IRS em conjunto – o que é sempre um momento romântico;
- Beneficiam de regime jurídico equiparado ao aplicável a pessoas casadas no mundo do trabalho, em matéria de férias, feriados, faltas e licenças;
- Podem suceder ao companheiro que morrer no contrato de arrendamento;
- Podem ficar a viver, durante 5 anos, na casa do membro da união de facto que morra, ou pelo prazo igual ao da duração da união se for superior a 5 anos;
- E mesmo que se separem, pode ser-lhes reconhecido um direito a arrendar a casa propriedade do outro considerando as suas necessidades e interesse dos filhos.

Quanto aos filhos nascidos de uma união de facto, como quaisquer outros nascidos fora do casamento, têm os mesmos direitos que os filhos de pais casados. A lei também reconhece a todas as pessoas que vivam em união de facto o direito de adoção.

Mas apesar de serem conferidos cada vez mais direitos aos unidos de facto, existem importantes diferenças entre o casamento e a união de facto.

É verdade: o amor pode ser o mesmo, mas os direitos e deveres com ou sem casamento não são iguais.

Por exemplo, quem casa tem de respeitar vários deveres: respeito, fidelidade, coabitação, cooperação, assistência. Já as pessoas em união de facto não estão, por lei, obrigadas a esses deveres. A união de facto também não permite aos companheiros adotar os apelidos um do outro, já que esse direito só é conferido com o casamento.

Juridicamente, a principal diferença entre o casamento e a união de facto, é que, ao contrário do cônjuge, o unido de facto não é herdeiro do companheiro.

Na verdade, a única forma de garantir que o unido de facto recebe uma parte da herança do companheiro ou companheira é através do testamento. O unido de facto deverá deslocar-se a um notário e fazer um testamento em que deixa a sua quota disponível (parte da herança de que pode dispor) ao companheiro. Se o unido de facto não tiver filhos nem pais, poderá mesmo deixar tudo o que tem ao companheiro.

Por outro lado, e como todos sabemos, o casamento só chega ao fim com o divórcio ou com a morte de algum dos cônjuges. Já a união de facto pode dissolver-se por mera vontade de apenas um dos seus membros, com o casamento de um dos membros, ou, como no casamento, com a morte de algum deles.

Há, contudo, circunstâncias que impedem que alguns unidos de facto beneficiem das medidas de proteção: ser menor de 18 anos à data do reconhecimento da união de facto; ter uma demência notória, mesmo com intervalos lúcidos e situação de acompanhamento de maior, se assim se estabelecer na sentença que a haja decretado; ter um casamento anterior não dissolvido, salvo se tiver sido decretada a separação de pessoas e bens; existir entre os unidos de facto determinadas relações familiares; ou ainda ter havido uma condenação anterior de uma das pessoas como autor ou cúmplice por homicídio doloso ainda que não consumado contra o cônjuge do outro.

Nos últimos anos, a união de facto tem ganho importância – seja porque é vista como uma etapa prévia ao casamento, seja como situação conjugal definitiva – e, por isso, cada vez existe uma maior proteção da lei em relação aos que escolhem ser, apenas, eternos namorados.

3.
Posso divorciar-me contra a vontade do meu marido/mulher?

Disse Zsa Zsa Gabor: *Getting divorced just because you don't love a man is almost as silly as getting married just because you do* – Divorciarmo-nos só porque deixámos de amar o nosso marido é quase tão disparatado como casarmo-nos com ele só porque o amamos. Mas a verdade é que, às vezes, o amor desaparece, há dias em que não conseguimos ver a nossa cara-metade à frente e já só pensamos no divórcio.

Feliz ou infelizmente, a verdade é que há cada vez mais divórcios em Portugal. Segundo dados provisórios da PorData, em 2020 houve 91,5 divórcios por cada 100 casamentos celebrados em Portugal, o que equivale a 17.295 casais divorciados.

Imaginemos o Armando e a Maria, que se casaram numa cerimónia romântica rodeados de todos os seus familiares e amigos. Entretanto, a Maria começou a fartar-se da desarrumação do Armando, que ainda por cima nunca baixava o tampo da retrete, até que chegou o dia em que quis dizer: basta! Disse a Armando que já não aguentava mais viver casada com ele e que se queria divorciar.

Armando, eterno apaixonado e na esperança de que Maria voltasse atrás com a sua decisão, implorou-lhe que não desistisse já, mas Maria já tinha as malas à porta e estava pronta para sair. 'Só por cima do meu cadáver é que terás o divórcio', disse-lhe Armando.

Maria foi à Conservatória entregar os papéis de divórcio, mas percebeu que não iria conseguir fazê-lo sem a intervenção de Armando. Na verdade, a Conservatória só tem competência para decretar divórcios por mútuo consentimento, ou seja, aqueles casos em que ambos os cônjuges se querem divorciar e estão de acordo numa série de temas, como a casa de morada de família, a divisão dos bens, as responsabilidades parentais e o destino dos animais de companhia. Assim, se um não tem intenções de terminar o casamento, o outro terá, necessariamente, de iniciar um processo de divórcio litigioso em tribunal.

Atualmente, ao contrário do que acontecia antigamente, não é necessário haver 'culpa' de nenhum dos cônjuges para se pedir o fim do casamento. Mas é preciso estar preenchido algum destes requisitos: separação de facto por um ano consecutivo; alteração das faculdades mentais do cônjuge; ausência durante pelo menos um ano (ou seja, não saber do paradeiro do cônjuge durante esse período); ou quaisquer outros factos que, independentemente de culpa de um dos cônjuges, mostrem que o casamento chegou ao fim, isto é, a "rutura do casamento". Esta última é uma opção onde cabe uma série de situações, e seria este o fundamento a invocar pela Maria para que o divórcio fosse decretado pelo tribunal. Não é exigível qualquer tempo mínimo para que este último fundamento se verifique, mas apenas que seja uma situação que, à luz de um consenso social, represente uma inequívoca rutura da relação conjugal.

A Maria teria então de apresentar um pedido de divórcio em tribunal, onde indicaria os vários factos que, a seu ver, mostrassem a rutura do casamento com Armando. Teria de arrolar prova – indicar testemunhas, por exemplo – e o juiz decidiria se, perante os factos invocados e provados, estava demonstrada a rutura do casamento e estava então justificado o divórcio. Armando poderia sempre contestar e tentar levar a dele avante, mantendo-se casado com Maria. Se Maria saísse de casa e fosse viver para outro local, ao fim de um ano dessa separação de facto poderia já intentar a ação com base nesse pressuposto, que tem uma avaliação muito mais objetiva e simples.

Por isso, a resposta é: sim, posso divorciar-me contra a vontade do meu marido ou mulher, desde que alguma das situações previstas na lei esteja verificada. Poderá ser um caminho mais tortuoso do que convencê-lo/a a assinar os papéis do divórcio, já que poderá implicar algum lavar de roupa suja e o pagamento de taxas mais dispendiosas do que um divórcio 'amigável'.

4. Posso casar com uma prima? E com a minha ex-sogra?

Há vários critérios e pressupostos que têm de estar preenchidos para que duas pessoas possam casar uma com a outra.

Há impedimentos que obstam a que uma pessoa se case com qualquer outra, seja ela quem for: ter idade inferior a 16 anos, sofrer de demência notória ou ter um casamento anterior que nunca tenha sido dissolvido. Depois, há causas que impedem o casamento não com toda e qualquer pessoa, mas com pessoas específicas e dependendo da relação que tenham no presente ou tenham tido no passado: ser parente na linha reta, ter uma relação anterior de responsabilidades parentais, ser parente no segundo grau da linha colateral, ser afim na linha reta ou ter sido condenado como autor ou cúmplice de homicídio ou tentativa de homicídio do cônjuge do noivo/noiva.

Parentes na linha reta

O que são parentes na linha reta? Em termos jurídicos, o parentesco é o vínculo que une duas pessoas em que uma descende da outra, ou em que ambas tenham um progenitor comum.

Quando um dos parentes descende do outro, diz-se que o parentesco é em linha reta. Quando apenas têm um progenitor comum, diz-se que o parentesco é na linha colateral.

Por exemplo, eu sou parente da minha Mãe na linha reta; e sou parente da minha irmã na linha colateral.

Depois, há vários graus de parentesco, e são tantos quantos os parentes que existam, excluindo-se sempre, nesta conta, o progenitor. Assim, eu sou parente da minha Mãe no primeiro grau da linha reta, sou parente da minha Avó no segundo grau da linha reta, sou parente da minha Bisavó no terceiro grau da linha reta, e assim sucessivamente.

Isto significa que pais não podem casar com filhos, avós não podem casar com netos, bisavós não podem casar com bisnetos...

Relação anterior de responsabilidades parentais

As responsabilidades parentais são o regime que é definido ou por acordo, ou por imposição do tribunal, onde se definem as regras relativas a um menor cujos pais estão separados. As responsabilidades parentais são, por regra, exercidas pelos pais dos menores, mas também podem ser exercidas pelos avós ou outras pessoas que tenham os menores a seu cargo.

Nesse caso, mesmo depois de já não existir regulação das responsabilidades parentais (designadamente porque se atingiu a maioridade), a pessoa que tinha o exercício das responsabilidades parentais não pode em nenhuma circunstância casar com aquele que esteve a seu cargo nessa relação.

Parentes de segundo grau da linha colateral

Como vimos, os parentes são as pessoas com quem temos relação de descendência/ascendência e aqueles com quem temos um progenitor comum. Já vimos também que parentes em linha colateral são aqueles com quem temos um progenitor em comum. Assim, eu sou parente da linha colateral dos meus irmãos. Na linha colateral, também há graus de parentesco, e aplica-se a mesma lógica da contagem da linha recta: não se conta o progenitor comum. Ou seja, eu sou parente no segundo grau da linha colateral da minha irmã, sou parente em terceiro grau da linha colateral da minha sobrinha, filha da minha irmã, sou parente em quarto grau da linha colateral dos filhos da minha sobrinha, e assim sucessivamente.

Assim sendo, não me poderei nunca casar com a minha irmã, mas já poderei casar-me com a minha sobrinha.

Um "primo direito", como se diz comummente, é aquele que é filho dos irmãos dos meus pais. Se é filho dos irmãos dos meus pais, temos em comum uma parte da avoenga: os avós são os nossos progenitores comuns. Não sendo descendentes/ascendentes diretos, mas por via de progenitor comum, estamos perante parentes da linha colateral. A minha tia, irmã da minha mãe, é minha parente no terceiro grau da linha colateral, e os filhos dessa minha tia serão meus parentes no quarto grau da linha colateral. Só estou impedida de me casar com os meus parentes até ao segundo grau da linha colateral, o que significa que sim, posso casar-me com uma prima. Como se costuma dizer, "quanto mais prima, mais se lhe arrima!"

Afinidade na linha reta

Além do parentesco, também podemos ter relação de afinidade com as pessoas da nossa família. A afinidade é o vínculo que nos liga aos parentes do nosso marido ou mulher. Por exemplo, eu tenho uma relação de afinidade com a minha sogra, que é parente do meu marido.

Os graus e linhas de afinidade definem-se da mesma maneira que os graus e linhas de parentesco. Por isso, eu sou afim em linha reta dos meus sogros, e sou afim em linha colateral dos meus cunhados. Isto significa que não me posso casar com os meus sogros.

Podem estar a perguntar-se: se a afinidade se cria através do casamento, se eu deixar de estar casada – o que teria sempre de ser pressuposto para casar com o meu sogro, já que a bigamia é crime –, não cessa também a afinidade? Em princípio, sim. Mas nem sempre. Antigamente, na primeira versão do Código Civil, a afinidade nunca cessava, mesmo depois de dissolvido o casamento por que causa fosse. Ou seja, os sogros eram sogros para sempre.

Desde 2008 que as coisas se alteraram ligeiramente: os sogros só são "sogros para sempre" no caso de o casamento se dissolver por morte de um dos cônjuges. Isto quer dizer que o viúvo, por muito que ache que a sogra está muito bem para a idade, nunca poderá oficializar a relação através de um casamento, porque a lei não o permite.

Se, em vez de um trágico falecimento, os cônjuges se tenham divorciado, o caminho está livre para que possam reencontrar o amor junto dos, então, seus ex-sogros.

Condenação como autor ou cúmplice de homicídio ou tentativa de homicídio do cônjuge do noivo/noiva

Parece cena de novela mexicana, mas é a Lei: se eu matar ou tentar matar a Solange, que é casada com o André, e vier a ser condenada por esse homicídio ou tentativa de homicídio, nunca poderei vir a casar-me com o André, e vou ter de me ficar por lhe escrever lindas cartas de amor a partir do estabelecimento prisional.

5.
Vou fazer 18 anos, perco o direito a receber a pensão de alimentos do meu pai?

Não automaticamente!

A pensão de alimentos é o contributo mensal do Pai ou da Mãe de um menor que com ele não reside permanentemente. Antigamente, a pensão de alimentos só estava prevista até aos 18 anos, mas desde 2015 que a lei passou a prever que a pensão que foi fixada durante a menoridade se mantém para depois da maioridade, e até aos 25 anos de idade, salvo se o respetivo processo de educação ou formação profissional estiver concluído antes daquela data, se tiver sido livremente interrompido ou ainda se, em qualquer caso, o obrigado à prestação de alimentos fizer prova da irrazoabilidade da sua exigência.

Ou seja, se o filho ainda estiver a estudar aos 18 anos, a pensão de alimentos continua, em princípio, a ser devida. Não será assim se o menor desistir dos estudos ou se for irrazoável exigir do pai/mãe obrigado à pensão que a continue a pagar (por exemplo, porque o filho chumba consecutivamente).

A propósito do conceito de "razoabilidade", será necessário ponderar se o filho maior poderá prover, ainda que parcialmente, às suas necessidades de educação através de outros meios ou instrumentos que dispensem o direito a alimentos – por exemplo, se estiver simultaneamente a trabalhar. A regra é, no entanto, a de que a obrigação de alimentos a favor do filho deve continuar a ser paga pelo pai ou pela mãe, desde que se mantenha uma necessidade, sem culpa grave, do filho.

Por outro lado, é possível defender-se que a violação grave do dever de respeito por parte do filho para com o pai ou a mãe poderá constituir causa de cessação da obrigação de prestar alimentos após a maioridade.

Ao contrário do que se possa pensar, não existe um valor tabelado para esta pensão, que será fixada em função das necessidades do filho e das possibilidades dos pais. Assim, os valores das pensões de alimentos variam consoante as realidades familiares de cada um.

A pensão de alimentos não visa apenas cobrir as despesas de alimentação do menor, mas todos os gastos que estão associados ao dia-a-dia da criança/jovem, como vestuário, medicação ou educação, embora muitas vezes seja previsto que os pais dividem despesas de educação e saúde, que ficam assim "fora" da mensalidade paga a título de pensão de alimentos.

A pensão de alimentos pode ser fixada por acordo, mas quando isso não é possível é o tribunal que vai proceder a essa fixação. Também as alterações à pensão fixada têm de ser sempre validadas pelo tribunal.

E o que acontece se o pai ou a mãe deixarem, pura e simplesmente, de pagar a pensão de alimentos?

Nesse caso, o progenitor não faltoso pode recorrer ao Tribunal e escolher uma das três vias que a lei oferece quando se depara com um incumprimento: apresentar aquilo a que se chama "incidente de incumprimento do regime das responsabilidades parentais"; optar por uma "execução especial por alimentos" ou, sabendo que o pai/mãe faltoso tem um rendimento certo – seja por ser funcionário público, assalariado ou receber uma pensão, por exemplo –, pedir ao Tribunal que as pensões de alimentos sejam descontadas ao que é devido por essa entidade patronal/empregadora.

O desconto de rendimentos vai abranger o montante dos atrasos e as prestações de alimentos a vencer no futuro.

E o que acontece se o progenitor obrigado aos alimentos não tiver mesmo dinheiro para pagar a pensão de alimentos?

Nesse caso, e cumpridos certos requisitos, é possível recorrer a um Fundo de Garantia dos Alimentos Devidos a Menores (FGADM) que vai assegurar o pagamento das prestações de alimentos, em substituição do pai/mãe faltoso(a), no caso de incumprimento desta obrigação.

A intervenção deste Fundo depende, porém, de o agregado familiar do progenitor que tem a guarda auferir um rendimento inferior ao Indexante de Apoios Sociais. Este Indexante em 2022 foi fixado em € 443,20. Assim, nem todas as famílias poderão ser apoiadas por este Fundo, mesmo que lhes faça, naturalmente, falta a pensão de alimentos que está a ser incumprida.

6. Posso ficar com o apelido do meu marido depois do divórcio?

A Elizabete Monteiro – Sissi, para os amigos – casou com Álvaro Canetas, e adotou o apelido do marido, tendo passado a ser chamada de Sissi Canetas. A Sissi tornou-se uma estrela nacional, frequentadora das melhores festas do Jet Set e, invariavelmente, capa de revistas cor-de-rosa.

Durante 20 anos, Sissi Canetas foi um nome sonante da sociedade portuguesa. Infelizmente, o casamento de Álvaro e Sissi chegou ao fim, e o casal decidiu divorciar-se.

Um dos efeitos do divórcio é a perda dos apelidos do ex-cônjuge. Mas Sissi não quer ter de fazer um comunicado nacional a dizer que passará a ser Sissi Monteiro, porque o seu nome Sissi Canetas é também uma parte da sua imagem de marca.

E, na verdade, Sissi pode manter o apelido do ex-marido.

Desde logo, pode pedir diretamente a Álvaro autorização, que pode ser prestada por documento autêntico ou autenticado, por declaração feita em tribunal (por exemplo, no julgamento do divórcio, se for litigioso) ou por declaração prestada perante funcionário do registo civil.

Se o Álvaro não quiser que Sissi continue a usar o seu apelido, Sissi terá de fazer esse pedido a um juiz. Pode fazê-lo no próprio pedido de divórcio ou em processo próprio, mesmo depois de já ter sido decretado o divórcio.

O juiz analisará a argumentação de Sissi, ouvirá o Álvaro, e decidirá se pode ou não manter o apelido do ex-cônjuge, o que se aplica ao seu nome tal como consta do registo civil.

Há quem pense que só as mulheres podem adotar os apelidos dos maridos (haverá possivelmente até quem ache que são obrigadas a fazê-lo). Mas não é assim. Quando vão casar, os nubentes – que é como quem diz, os pombinhos – podem optar por manter os apelidos de solteiros, podem ficar com os apelidos um do outro, ou podem optar pela adoção de um só apelido de família, que, em Portugal, é mais comum ser o do marido, mas pode também ser o da mulher.

E nesse caso, em situação de divórcio, o marido que queira manter o apelido da mulher precisa também, claro, de autorização ou 'aprovação' judicial.

7.
Qual a diferença entre separação e divórcio?

O Manel e a Maria estão casados há 20 anos, mas a chama começou a esmorecer. Manel quer divorciar-se, mas Maria não quer desistir já, porque acha que o casamento ainda tem salvação. Propõe, por isso, a Manel que se separem durante uns tempos, decidindo mais tarde se querem realmente divorciar-se.

Qual é, afinal, a diferença entre uma separação de pessoas e bens e um divórcio?

A grande diferença é que o divórcio é uma situação definitiva, enquanto a separação é provisória. Quando estamos separados de pessoas e bens, continuamos, na verdade, casados. Não podemos, por exemplo, casar com outra pessoa estando separados de pessoas e bens, sob pena de cometermos o crime de bigamia (punível até dois anos de prisão ou multa até 240 dias).

A separação de pessoas e bens atenua os efeitos do casamento, e as pessoas ficam num limbo a meio-caminho do divórcio. Com a separação de pessoas e bens, há dois deveres matrimoniais que se extinguem: o dever de coabitação e o dever de assistência. Mas os restantes deveres mantêm-se, designadamente, o dever de fidelidade.

Em termos patrimoniais, a separação de pessoas e bens produz os mesmos efeitos que o divórcio. Isto significa que o Manel, durante o período de separação, pode ter de pagar uma pensão de alimentos à Maria, ou vice-versa. Se algum deles morrer no período da separação, o outro não será seu herdeiro.

Manel e Maria podem tratar da separação por mútuo consentimento, caso em que devem dirigir-se à Conservatória para entregar os papéis necessários. Se tiverem filhos, será como no divórcio, e terão de juntar um acordo de regulação das responsabilidades parentais. Se não estiverem de acordo, o processo será decidido judicialmente.

A separação de pessoas e bens pode terminar com uma reconciliação ou com um divórcio.

A reconciliação é da competência exclusiva das conservatórias do registo civil, e implica a realização de um processo, onde o Conservador irá confirmar se estão reunidos os pressupostos para a reconciliação, podendo mesmo exigir a realização de atos de produção de prova.

Se o Conservador homologar a reconciliação, volta tudo ao que era dantes: Manel e Maria ficam vinculados novamente aos deveres conjugais na sua plenitude (respeito, fidelidade, coabitação, cooperação e assistência), voltam a ser herdeiros um do outro, e o regime de bens que vigorava antes da separação é o mesmo depois de se reconciliarem.

Se o tempo afastados não servir para os unir, Manel e Maria podem acabar com a separação e formalizar um divórcio. Passado um ano desde a separação de pessoas e bens, qualquer um deles pode pedir que a separação seja convertida em divórcio.

Se se chegarem a divorciar, e perceberem mais tarde que foi um erro e que o amor vence tudo, Manel e Maria podem voltar a casar um com o outro.

8. O meu Avô já não está bem "de cabeça". O que posso fazer?

O avô do Pedro, por razões de saúde, já não está em condições de cumprir os seus deveres e exercer os seus direitos. Como pode o neto ajudá-lo?

A lei protege as pessoas como o avô do Pedro que, por razões de saúde, deficiência, ou pelo seu comportamento, não conseguem, de um modo consciente e livre, sem apoio ou intervenção de outra pessoa, exercer os seus direitos, cumprir os seus deveres ou cuidar dos seus bens.

Estas pessoas podem beneficiar, a seu pedido ou de membro da família, do que se chama "Regime do Maior Acompanhado".

Este regime legal visa preservar a autonomia que a pessoa ainda possa ter mas, ao mesmo tempo, suprir as suas incapacidades, através da nomeação de um "acompanhante" que vai tratar dos assuntos que o maior acompanhado não tenha autonomia para tratar. A ideia é "*proteger sem incapacitar*", "*deixando a pessoa deficiente de ser vista como mero alvo de políticas assistencialistas e paternalistas, para se reforçar a sua qualidade de sujeito de direitos. Em vez da pergunta: "aquela pessoa possui capacidade mental para exercer a sua capacidade jurídica?", deve perguntar-se: "quais os tipos de apoio necessários àquela pessoa para que exerça a sua capacidade jurídica?"*".[1]

A decisão de sujeição de um adulto ao regime do Maior Acompanhado é do tribunal, podendo ser o próprio adulto a fazer esse pedido, ou autorizar o marido/mulher a fazê-lo, bem como qualquer parente sucessível. Não havendo autorização do próprio, o Ministério Público – tomando conhecimento da

[1] Acórdão do Tribunal da Relação de Lisboa de 04.03.2021, Proc. 385/15.4T8MTJ.L1-8, disponível em www.dgsi.pt

situação, por exemplo, através da família ou do lar em que a pessoa está instalada – pode requerer o acompanhamento ao tribunal.

No caso do Pedro, quer o avô autorize que seja requerido o seu acompanhamento, quer seja informado o Ministério Público da sua situação, o tribunal vai ouvir, pessoal e diretamente, o avô e avaliar as provas que forem juntas ao processo. Entre essas provas estará o exame médico feito ao avô com vista a determinar a situação que o afeta, as suas consequências e os meios de apoio e de tratamento adequados.

O acompanhante do avô do Pedro, que terá de ser maior e estar no pleno exercício dos seus direitos, é escolhido pelo próprio avô ou pelo seu representante legal, sendo depois designado pelo tribunal. Na falta de escolha, o acompanhamento é atribuído, no respetivo processo, à pessoa cuja designação melhor salvaguarde o "interesse imperioso do beneficiário", e que pode, por exemplo, ser o cônjuge, o unido de facto, os pais ou a pessoa indicada pela instituição em que o acompanhado esteja.

Imaginemos então que se concluía que o próprio Pedro era a pessoa em melhor situação para salvaguardar os interesses do avô e garantir o seu bem-estar. O que é o que o Pedro tinha de fazer? O acompanhamento deve limitar-se ao mínimo indispensável sendo que, em cada caso, o tribunal pode atribuir ao acompanhante diferentes regimes: por exemplo, representação geral ou representação especial com indicação das categorias de atos para que seja necessária, administração total ou parcial de bens ou autorização prévia para certos atos. Tudo depende da autonomia da pessoa, mas para vender bens do avô, o Pedro terá sempre de pedir autorização ao Tribunal.

Além disso, o Pedro deve também manter-se próximo do avô. A lei prevê que o acompanhante tem de manter um contacto permanente com o acompanhado, devendo visitá-lo, no mínimo, uma vez por mês ou com outra periodicidade que o Tribunal considere adequada.

E o Pedro será pago por este cargo que vai exercer? Não, as funções do acompanhante são gratuitas, sem prejuízo do reembolso das despesas que o acompanhante tenha efetuado, consoante a condição do acompanhado e a do acompanhante.

A decisão judicial que decrete o acompanhamento do avô do Pedro, será levada a registo e passará a constar da certidão de nascimento do avô.

Mas a decisão é definitiva e irreversível? Não!

Sempre que a evolução do acompanhado o justifique, a decisão judicial pode ser revista – e tem, obrigatoriamente, de ser revista, no mínimo, de cinco em cinco anos.

E se o avô do Pedro quiser substituir o Pedro e nomear outro neto como acompanhante, pode fazê-lo? Sim. O maior acompanhado pode pedir ao tribunal a mudança da pessoa que exerce as funções de acompanhante.

MORTE

9.
Vou herdar as dívidas dos meus pais?

A resposta é: sim! Uma herança vem com tudo: ativo e passivo, ou seja, bens e dívidas. E, portanto, o feliz contemplado com uma herança pode receber um presente envenenado se a herança tiver muitas dívidas.

Isto significa que os herdeiros, quando aceitam uma herança, passam a responder pelos encargos que ela tenha, o que inclui as dívidas de quem morreu.

Em princípio, o herdeiro não vai ter de responder com bens próprios pelo pagamento dessas dívidas, mas a melhor forma de o herdeiro se proteger dos credores da herança é aceitar a herança "a benefício de inventário". Isto significa que são inventariados os bens que existem numa herança – é feita uma lista dos bens – e os credores só podem ser pagos com esses bens. São então os credores que têm de provar que há outros bens que deviam estar inventariados e não estão.

Se, por outro lado, a herança for pura e simplesmente aceite, é o herdeiro que tem de provar que os bens que recebeu são insuficientes para pagar os encargos da herança. Se não conseguir fazer essa prova, pode vir a ter de pagar com bens próprios para além dos bens recebidos por morte. Por este motivo, sempre que um herdeiro suspeite que uma herança tem mais passivo do que ativo, deve repudiá-la ou aceitá-la a benefício de inventário.

Mas o que é pago primeiro com o dinheiro da herança? Os encargos da herança são pagos segundo uma ordem prevista na lei: primeiro, vão ser pagas as despesas com o funeral, depois os encargos com a administração da herança, depois são pagas as dívidas do falecido e, se ainda sobrarem bens, serão então cumpridos os legados.

E o que é um legado e quem é o legatário? O legatário é aquele que sucede em bens ou valores determinados. Por exemplo, se a Joana faz um testamento e deixa ao António o seu automóvel, o António será legatário. Se lhe deixar todos os bens que tem no Algarve, isto é, se os bens forem determináveis, o António será igualmente considerado legatário. É possível que a herança seja toda distribuída em legados, ou seja, é possível que não haja sequer herdeiros. Neste caso, os legatários vão ter um regime idêntico ao dos herdeiros, nomeadamente quanto à responsabilidade pelo pagamento das dívidas da herança.

E afinal é possível recusar uma herança?

Sim, é precisamente o que se chama de repúdio de herança. O herdeiro terá de ir a um notário e declarar que repudia a herança. Nesse caso, não terá de se preocupar com as dívidas, mas também não recebe qualquer bem. Não é possível recusar ou aceitar parcialmente a herança, nem escolher os bens que se quer e não se quer: ou tudo ou nada. Atenção! O repúdio da herança é irrevogável, ou seja, depois de repudiar, não há volta atrás. Adeus, herança e tudo o que isso possa implicar de bom e de mau.

Mas imaginemos então que aceito a herança – seja a benefício de inventário ou pura aceitação. Vou ter de pagar impostos sobre o que herdei?

Depende. Os maridos, mulheres, filhos e pais estão isentos do que se chama "Imposto de Selo". As restantes pessoas têm de pagar este imposto que incide sobre a herança, que será tributada à taxa de 10%. Por exemplo, se eu herdar um apartamento da minha tia, vou pagar este imposto. Por outro lado, há bens que escapam deste imposto: por exemplo, quantias em dinheiro até 500 euros ou bens de uso pessoal e doméstico, como, por exemplo, eletrodomésticos, móveis ou roupas.

De qualquer forma, e mesmo quem esteja isento do pagamento de impostos, tem de declarar os bens herdados ao Fisco. Como sabemos, as Finanças gostam de saber de tudo.

10. Posso ser deserdado pelos meus pais?

Diz-se que um pai ou uma mãe são o primeiro amor de um filho. Mas a verdade é que, à medida que as pessoas vão crescendo, podem crescer também desavenças no seio mais nuclear da família, que levam a que mesmo pais e filhos acabem de costas voltadas.

Isso pode levar alguém que tenha filhos ingratos ou com quem estão desavindos a pensar que os poderá castigar, deixando toda a sua fortuna a qualquer outra pessoa.

Mas não é bem assim.

Em princípio, não posso ser deserdado pelos meus pais. Há países que permitem disposições testamentárias livres, ou seja, permitem que eu, em testamento, deixe os bens que existirem em meu nome, à data da minha morte, a quem eu quiser, quer eu seja casado, tenha filhos, ou seja um solteirão sem descendência. Em Portugal não é assim.

Toda a gente tem direito a fazer testamento, mas apenas poderá dispor da totalidade do seu património se não tiver herdeiros legitimários. Os herdeiros legitimários são o cônjuge, os descendentes e os ascendentes.

Essa parte de que a pessoa pode dispor em testamento é a chamada quota disponível, que poderá ser deixada a quem o testador (a pessoa que faz o testamento) quiser. Quer dizer, não é bem assim. Há algumas exceções à capacidade de deixar em testamento os próprios bens, mesmo só relativamente à chamada quota disponível. Por exemplo, se eu for acometido por uma doença, fizer o testamento durante esse período de doença, e deixar a minha quota disponível aos médicos e enfermeiros que cuidaram de mim, se vier a morrer dessa doença, essa disposição é nula, ou seja, é como se não existisse, e os médicos e enfermeiros não serão meus herdeiros. Se por acaso não chegar a morrer da doença, e morrer anos mais tarde por qualquer outro motivo, essa deixa testamentária já se considera válida.

Voltando aos pais e filhos: os filhos são herdeiros legitimários dos pais, ou seja, os pais, autores da sucessão, não os podem afastar – em princípio – dessa sucessão. Isto quer dizer que o ingrato do filho do meio vai ser também herdeiro do Paço de família, tal como os seus irmãos.

A quota disponível varia, dependendo dos herdeiros que existam ao tempo da morte.

Se alguém morrer casado, sem filhos e sem pais, o/a viúvo/a tem direito a metade da herança, só podendo o testador dispor da outra metade.

Se alguém morrer casado, com filhos, só pode dispor de ⅓ do seu património, o que significa que os herdeiros têm direito a dividir entre eles ⅔ da herança. A mesma fração se aplica a quem morra casado e com ascendentes.

Se alguém morrer sem estar casado, sem filhos, mas com pais, os pais herdarão metade do património; se os pais já não forem vivos, mas forem vivos os avós, eles herdarão apenas ⅓ do património.

Vamos supor então que o Alcino é casado, tem três filhos, e o mais novo, o Jorge, é um ingrato que nem fala com o pai. Será que o Alcino o pode excluir da herança? Por regra, como vimos, a resposta é não, porque o Jorge é herdeiro legitimário e, por isso, não pode ser afastado da sucessão.

Há, no entanto, casos em que o Alcino pode deserdar o filho Jorge:

a. se o Jorge tiver sido condenado por algum crime doloso (ou seja, não negligente) cometido contra a pessoa, bens ou honra do Alcino, da mulher do Alcino, ou de algum descendente, ascendente, adotante ou adotado do Alcino, desde que ao crime corresponda uma pena superior a 6 meses de prisão;
b. se o Jorge for condenado por denúncia caluniosa ou falso testemunho contra as mesmas pessoas;
c. se o Jorge, sem justa causa, recusar ao Alcino ou mulher os devidos alimentos.

O Alcino não pode, por isso, deserdar o Jorge só porque ele não telefona para saber dos pais. Mas caso não se verifique nenhuma das situações acima que permitem a deserdação, Alcino pode optar por privilegiar os restantes filhos, ou seja, usar aquele ⅓ da sua quota disponível, e declarar em testamento que o quer deixar aos seus outros dois filhos. Não estará a afastar o Jorge da sucessão, mas estará a reduzir o valor a que ele terá direito. Assim, por exemplo, se o Alcino morrer, deixando mulher e três filhos, e deixar uma herança avaliada em € 120.000,00, 2/3 desse valor – ou seja, € 80.000,00 – serão divididos entre a viúva, Jorge e os dois irmãos, cabendo € 20.000,00 a cada um. O restante 1/3, de acordo com o testamento de Alcino, será dividido entre os dois irmãos de Jorge. Assim, a viúva terá direito a € 20.000,00, cada um dos irmãos terá direito a € 40.000,00 (os € 20.000,00 da sucessão legitimária, e os outros € 20.000,00 da sucessão testamentária), e Jorge terá apenas direito a € 20.000,00.

Ao fazer estas contas, convém não esquecer que o cônjuge sobrevivo (o viúvo), dependendo do regime de bens do casamento, poderá ter direito à sua meação, isto é, a metade do património, que é seu e não do falecido. A contagem das quotas disponível e indisponível só se fará, nesses casos, sobre o valor que pertencia apenas ao falecido, não se incluindo, naturalmente, a meação da viúva.

11. Perdi a fé na humanidade. Posso deixar todos os meus bens ao meu cão?

Já todos ouvimos histórias surpreendentes de velhinhas nos Estados Unidos da América que deixaram toda a sua fortuna aos gatinhos.

Mas será que a Dona Amélia, portuguesa, sem filhos e já sem pais, também pode deixar o apartamento em Alfama ao seu bichano?

Em Portugal, os animais de companhia não podem receber heranças. Não têm aquilo que se chama de direito sucessório. No nosso país, só as pessoas – singulares e coletivas – podem beneficiar de heranças.

Isto significa que a Dona Amélia pode deixar os seus bens à sua amiga e vizinha Dona Odete ou a uma instituição de caridade, mas não os pode deixar ao gatinho persa.

Aquilo que a Dona Amélia pode fazer é, no seu testamento, em que deixa o apartamento à Dona Odete, colocar uma condição ou um encargo à beneficiária da herança – a de a Dona Odete cuidar do seu gato até ao falecimento deste, por exemplo. Esta condição tem o nome de "cláusula modal", porque importa uma limitação, um *modus* à liberalidade.A lei prevê expressamente essa possibilidade ao prever que "tanto a instituição de herdeiro como a nomeação de legatário podem ser sujeitas a encargos".

Como decidiu o Tribunal da Relação de Guimarães, caso os encargos de um determinado testamento não sejam cumpridos, isso não implica automaticamente a resolução desse testamento, ou seja, a sua anulação. Em caso de incumprimento dos encargos, quem tiver interesse na anulação da disposição testamentária ganha o direito de pedir a anulação do testamento com base nesse incumprimento. Mas este direito só nasce para o eventual interessado se isso tiver sido expressamente previsto pelo testador, ou se do teor do testamento for possível extrair a conclusão de que aquela disposição testamentária não se teria mantido sem o cumprimento do encargo.

Estava em causa, nessa situação, o testamento de uma senhora que tinha legado à Diocese da sua terra, *"em memória de seus falecidos pais e marido, a casa de senhorio em suas paredes nuas, a capela, recheio da mesma capela, pátio, jardim e pomar contíguos àquela casa de senhorio, com a condição de: aí ser constituída, dentro de dois anos a contar do seu falecimento, uma casa de retiro e de meditação do Clero da Diocese; de conservar as pedras onde se encontram gravados os versos da autoria do pai da testadora; e de manter limpo, adornado e conservado o jazigo da sua família no Cemitério da aldeia".*

A falecida tinha ainda previsto no testamento que o seu único sobrinho seria o herdeiro do que sobrasse da herança e que teria direito à casa deixada à Diocese se a Diocese não cumprisse os encargos previstos no testamento.

Mais de 30 anos depois da morte da tia, o sobrinho veio intentar uma ação contra a Diocese, invocando que a Diocese não cumprira a vontade da tia, expressamente prevista no testamento, e que por isso a propriedade dos bens deixados à Diocese deveria reverter para si. Mas o Tribunal (quer o de 1.ª instância, quer o da Relação) entendeu que além do incumprimento do encargo não significar, automaticamente, a resolução do testamento, a verdade é que o sobrinho tinha esperado mais de 20 anos depois da morte da tia para intentar aquela ação e que o prazo para exercer tal direito já estava ultrapassado, uma vez que tinham decorrido mais de 20 anos sobre a morte da tia – sendo 20 anos o prazo "geral" (nas palavras da lei, ordinário) da prescrição. E, assim, o sobrinho não foi viver para "a fantástica casa na aldeia".

Uma forma de acautelar que os encargos previstos num testamento sejam cumpridos, é o testador nomear um testamenteiro que fica obrigado a "vigiar o cumprimento do testamento".

No caso da Dona Amélia, o testamenteiro poderia controlar se a Dona Odete tinha ficado efetivamente a cuidar do gato da vizinha falecida ou se o tinha abandonado nas ruas de Alfama.

Nem sempre é fácil interpretar, no momento da morte, e mesmo lendo e relendo o testamento, aquela que foi a vontade do testador quando fez o testamento. A lei prevê que cumpre ao tribunal determinar a vontade real do testador, a selecionar entre as várias afirmações que possam ser retiradas da letra e contexto do documento (o testamento), fazendo uso dos meios de prova disponíveis como auxiliares nessa tarefa de interpretação.

Em 2020, o Tribunal da Relação de Évora decidiu que, em determinado testamento, tendo o testador dito que *"institui única e universal herdeira, de todos os seus bens, móveis e imóveis, incluindo contas bancárias, F.... , instituição esta que ficará dependente da instituída ter cuidado do testador, prestando-lhe assistência médica e medicamentosa e alimentos, se necessário, tendo carácter resolutivo caso tais cuidados não lhe sejam prestados ou não o sejam ate à sua morte* " era de considerar que tal " encargo" foi imposto como condição resolutiva do testamento, isto é, o não cumprimento do encargo é fundamento da anulação do testamento. E, assim, não se tendo provado, em julgamento, que a instituída tivesse acompanhado, de facto, o testador ao longo do seu período de doença e até à sua morte, nem tendo sequer estado presente quando o agravamento do seu estado de saúde exigiu que fosse internado, a conclusão alcançada foi a de que não cumpriu a condição estabelecida para se manter relativamente a ela a instituição de herdeira. E, assim, a herdeira prevista no testamento acabou por ser "deserdada" pela decisão do tribunal.

Mas como sei se alguém me deixou algo no seu testamento? Se a pessoa ainda for viva, só é possível saber se existe testamento se ela der autorização. Se não existir essa autorização, só posso saber se determinada pessoa deixou um testamento e o respetivo teor quando a pessoa morrer. Na verdade, para saber se existe um testamento em nome de uma determinada pessoa já falecida, é preciso pedir uma certidão, a "certidão sobre a existência de testamento, escritura de renúncia ou repúdio de herança ou legado", que só é emitida se a pessoa apresentar uma certidão de óbito.

Hoje em dia essa certidão pode ser pedida online, no site do Instituto dos Registos e Notariado, ou presencialmente na Conservatória dos Registos Centrais. E às vezes há verdadeiras surpresas! Boas e más...

12.
O que é um testamento vital?

A Mafalda, em conversa com um grupo de amigas, referiu querer que lhe "desligassem as máquinas" caso viesse a ter um problema de saúde incapacitante no futuro mas, como o diploma que prevê a eutanásia não foi ainda aprovado, não sabe se e como pode fazer com que respeitem essa sua vontade.

Se tem firme essa vontade, a Mafalda pode e deve fazer um testamento vital. Este testamento não tem nada a ver com disposições patrimoniais a aplicar depois da morte.

No testamento vital, a Mafalda vai indicar que tipo de tratamentos é que quer ou não receber quando estiver incapaz de manifestar a sua vontade. Isso pode ser feito através da elaboração do testamento vital com reconhecimento de assinatura feito por notário, mas o mais simples é preencher o formulário que existe para o efeito e entregá-lo nos balcões do Registo Nacional do Testamento Vital. Estando registado no sistema nacional centralizado para o efeito, a Mafalda pode ter a certeza que qualquer profissional de saúde pode aceder a ele rapidamente, em caso de necessidade.

Qualquer residente em Portugal, maior de idade e que não esteja interdito ou inabilitado por anomalia psíquica, estando capaz de dar o seu consentimento consciente, livre e esclarecido, pode expressar a sua vontade de receber ou não tratamentos de saúde através de um testamento vital.

A Mafalda também pode optar por nomear um procurador de saúde, a quem caberá decidir quais os cuidados de saúde e tratamentos que vai receber no caso de não poder expressar a sua vontade. Se não tiver deixado indicações expressas no seu testamento vital sobre os tratamentos que aceita ou recusa receber, é ao procurador que cabe tomar todas essas decisões. Tendo deixado bem claro o que pretende, o procurador vai limitar-se a garantir o cumprimento do testamento vital. O procurador não é obrigado a aceitar representar Mafalda, podendo sempre renunciar a este cargo.

Há uma série de decisões que Mafalda pode antecipar no seu testamento vital: não ser reanimada em caso de paragem cardiorrespiratória, não lhe serem administrados determinados medicamentos, não ser ligada a máquinas, etc. O formulário disponibilizado pelo SNS tem uma série de opções que Mafalda pode assinalar, podendo também escolher outras que não estejam expressamente previstas.

A Mafalda não pode, no entanto, determinar que lhe seja provocada uma morte não natural e que seria evitável se lhe fosse dado o tratamento adequado. O testamento vital não é uma forma de eutanásia, e apenas irá ser respeitado, evitando-se os tratamentos indesejados, naqueles casos em que se tem uma doença incurável e em fase terminal, em que não é de todo expectável que haja uma recuperação, ou em que o doente está num estado de inconsciência irreversível.

Os médicos não são obrigados a cumprir o testamento vital, podendo exercer o direito à objeção de consciência. O direito à objeção de consciência significa que o médico se pode recusar a cumprir o pedido da Mafalda por razões de natureza religiosa, moral, humanística ou filosófica. Caso isso aconteça, a unidade de saúde em que a Mafalda esteja internada tem de garantir que o testamento é cumprido, adotando medidas de cooperação com outras unidades de saúde ou através de profissionais de saúde devidamente habilitados e que não sejam objetores de consciência.

De igual forma, os prestadores de cuidados de saúde não são obrigados a obedecer às diretivas antecipadas de vontade se:

a) se comprovar que Mafalda não desejaria mantê-las;
b) se verificar evidente desatualização da vontade de Mafalda face ao progresso dos meios terapêuticos, entretanto verificado;
c) não corresponderem às circunstâncias de facto que Mafalda previu no momento da assinatura do testamento.

Se houver uma situação de manifesta urgência, em que a equipa médica tem de decidir salvar a vida de Mafalda numa questão de segundos, não é obrigada a ir primeiro consultar o sistema para ver se há algum testamento vital registado ou não.

A Mafalda pode sempre mudar de ideias e tem o direito de revogar o testamento a todo o tempo. Se se mantiver firme nas suas convicções, então tem de ir renovando o testamento de 5 em 5 anos.

MENORES

13.
Quando é que um menor pode sair de território nacional?

Com o aparecimento da pandemia mundial do SARS-CoV2, fecharam-se fronteiras e deixámos, durante uns tempos, de poder viajar para fora. Felizmente, o mundo começou a reabrir e hoje já podemos ir dar um saltinho a Roma ou, para quem prefere destinos mais exóticos, ao Belize.

Por muito que seja apetecível deixar os miúdos para trás, quase em recriação do filme "Sozinho em Casa", o mais provável é que tenhamos de os trazer connosco de viagem.

Mas há regras para viajar de avião com crianças, e nem toda a gente pode sair do país com um menor de idade sem "dar cavaco" ao povo. Neste caso, ao Serviço de Estrangeiros e Fronteiras (pelo menos, enquanto não houver a tão falada extinção ou reestruturação de tal serviço).

Se o menor viajar com ambos os pais, não é preciso qualquer autorização. Basta terem um cartão de embarque e documentos de identificação, e podem seguir viagem.

Se o menor viajar com apenas um dos pais e eles forem casados, também não é necessária qualquer autorização.

Se os pais forem solteiros, separados ou divorciados, o progenitor que tem a guarda da criança tem de autorizar uma viagem ao estrangeiro com o outro progenitor; em caso de guarda partilhada, não há necessidade de qualquer autorização, a não ser que isso conste especificamente do regime de regulação acordado entre os pais ou fixado pelo tribunal, ou se algum dos progenitores comunicar formalmente ao SEF que se opõe a que o menor se ausente para o estrangeiro.

Os inspetores do SEF deverão ter acesso à certidão de nascimento da criança, de onde fica a constar a regulação das responsabilidades parentais, tendo igualmente acesso à comunicação formal que alguém faça no sentido de se opor à saída de menores.

Se o menor viajar com terceiros, por exemplo, para ir à viagem de finalistas em Palma de Mallorca, é necessário que pelo menos um dos pais autorize a deslocação, caso sejam casados ou tenham regime de guarda conjunta. Se forem divorciados e a guarda esteja atribuída a um dos progenitores, é a ele que incumbe passar uma declaração em como o autoriza a viajar. Essa declaração deve conter, além da identificação do menor, a identificação do adulto que o irá acompanhar, e deve ser objeto de certificação legal, através de reconhecimento das assinaturas, que pode ser feito por notário, solicitador ou advogado.

Também é possível fazer uma declaração para ser usada num número ilimitado de viagens dentro da moldura temporal que seja definida na declaração, sendo certo que esse período nunca pode ser superior a um ano.

Pode também ser importante conhecer as regras para a entrada de menores no país para onde se viaja, e garantir que a declaração passada em Portugal é requisito bastante para permitir a entrada com um terceiro nesse país

Pode ainda haver situações em que o tribunal imponha a proibição de saída de um determinado menor para fora do país (por razões de segurança, por exemplo), e essa decisão não pode ser suplantada por nenhuma declaração que os pais possam fazer em sentido contrário.

Pode também haver a situação de menor emancipado. Por exemplo, um menor pode casar a partir dos 16 anos, desde que tenha autorização dos pais para o efeito. Depois de casado, passa a ter o estatuto de menor emancipado, o que significa que pode viajar sozinho sem precisar de qualquer autorização dos pais. Convém que leve consigo a sua certidão de nascimento com o casamento averbado, ou a própria certidão de casamento, não vá o sistema no controlo da fronteira estar 'em baixo'.

Estas são as regras definidas por Portugal para as viagens de menores. Mas com o Acordo Schengen, que aboliu as fronteiras internas entre os países signatários, a verdade é que há uma série de países onde o controlo fronteiriço não é feito, o que pode permitir que uma pessoa viaje com um menor sem respeitar estas regras. Se por acaso alguém conseguir sair do país com um menor sem haver qualquer controlo, e não tenha cumprido estas regras, não há qualquer consequência. Ou seja, a circunstância de o adulto que viaja com o menor não estar munido da necessária autorização tem apenas como consequência a possível recusa por parte dos serviços em autorizar a saída para o estrangeiro. Mas não tem qualquer consequência criminal ou de outra índole. Só estaríamos perante um rapto de menores, por exemplo, se houvesse uma deslocação em violação de um regime de guarda estabelecido.

14. Tenho um filho com três anos, posso passar à frente na fila?

Há quem pense que pode passar à frente de uma bicha gigante por estar com uma criança. Mas não é bem assim! Não é qualquer criança que nos dá direito a ter prioridade no atendimento.

Essa prioridade só deve ser dada se a criança tiver até 2 anos de idade. Mesmo que eu vá com uma criança de 4 anos ao colo, não posso exigir que me deem prioridade no atendimento. Isso dependerá exclusivamente do bom senso e gentileza das pessoas que estiverem à minha frente.

Depois, há casos em que a prioridade não pode ser dada, mesmo a pessoas que tenham crianças até dois anos.

É o caso dos estabelecimentos de saúde, em que a prioridade se determina em função da gravidade do estado de saúde de cada utente, segundo a triagem de Manchester.

Também não pode ser dada prioridade nos serviços de registo, porque a prioridade nos registos pode ter implicações jurídicas relevantes.

E nos serviços com atendimento por marcação, a prioridade deve ser dada de acordo com as marcações.

A regra da prioridade no atendimento aplica-se a todas as pessoas, singulares ou coletivas, públicas ou privadas, que prestem atendimento ao público.

Se eu estiver no supermercado, pedir para me ser dada prioridade porque tenho o meu filho de 1 ano ao colo, e o funcionário se recusar a deixar-me passar à frente, eu posso e devo chamar a polícia para que essa recusa cesse. Claro que a polícia pode demorar tanto tempo a chegar, que, entretanto, já a fila não existe e já fui atendida. Nesse caso, a polícia deve tomar nota da ocorrência, para que eu possa apresentar queixa ao Instituto Nacional para a Reabilitação ou à inspeção-geral, entidade reguladora ou outra entidade a cujas competências inspetivas ou sancionatórias se encontre sujeita a entidade que praticou a infração, neste caso, o supermercado.

A entidade que não prestar atendimento prioritário está a praticar uma contraordenação económica leve, que pode ser punida com coimas que podem ir dos € 150,00 aos € 12.000,00.

As grávidas também têm prioridade, quer estejam de 5 semanas ou prestes a parir.

Não está prevista nenhuma punição para aquelas pessoas que, invariavelmente, tentam passar à frente, de forma abusiva, por estarem acompanhadas por crianças com mais de dois anos. Não é uma questão jurídica, mas de bom senso e de respeito por aqueles com quem vivemos em sociedade.

15.
Tenho 16 anos, posso ser preso?

Sim. Apesar de a maioridade só se atingir aos 18 anos, e, portanto, só nessa idade poderem votar, aos 16 anos os jovens já são considerados criminalmente imputáveis. Isto significa que podem ser presos, embora a nossa lei preveja que aos maiores de 16 anos e menores de 21 é aplicado um regime especial, isto é, um regime com uma atenuação das penas.

Na verdade, e naquela fase de adolescência e pós-adolescência, pretende-se que o direito seja mais reeducador do que sancionador, com vista a promover a reinserção social dos mais novos e de os tentar desviar do caminho do crime.

Isto significa que os tribunais, no caso de terem de julgar, pela prática de algum crime, um jovem entre os 16 e os 21 anos, devem privilegiar as medidas de correção em vez da pena de prisão.

As medidas de correção vão desde a admoestação (que é uma espécie de reprimenda, uma advertência) até às multas e internamentos em centros de detenção. Os internamentos em centros de detenção podem ter lugar por um período mínimo de 3 meses e máximo de 6 meses, e podem ser cumpridos em regime de internato ou semi-internato ou em regime de detenção de fim-de-semana, consoante for considerado mais conveniente, tendo em conta a situação pessoal do jovem.

Então e se um jovem com menos de 16 anos cometer um crime?

A prática, por menor com idade compreendida entre os 12 e os 16 anos, de facto qualificado pela lei como crime, dá lugar à aplicação de uma medida tutelar e é regulada por uma lei específica chamada Lei Tutelar Educativa.

As medidas tutelares educativas visam a educação do menor para o direito e a sua inserção, de forma digna e responsável, na vida em comunidade.

A Lei Tutelar Educativa prevê nove medidas tutelares possíveis:

a) A admoestação;
b) A privação do direito de conduzir ciclomotores ou de obter permissão para conduzir ciclomotores;
c) A reparação ao ofendido;
d) A realização de prestações económicas ou de tarefas a favor da comunidade;
e) A imposição de regras de conduta;
f) A imposição de obrigações;
g) A frequência de programas formativos;
h) O acompanhamento educativo;
i) O internamento em centro educativo que pode ser em regime aberto; regime semiaberto e regime fechado

A admoestação, como já dissemos acima, é uma espécie de reprimenda, é uma advertência que um juiz faz ao menor notando o caráter ilícito da sua conduta e exortando-o a adequar o seu comportamento às normas e valores jurídicos e a inserir-se, de uma forma digna e responsável, na vida em comunidade.

A privação do direito de conduzir pode ir de um mês a um ano.

A reparação ao ofendido consiste no pedido de desculpas ao ofendido, na compensação económica pelo dano e no exercício, em benefício do ofendido, de atividade que se conexione com o dano, sempre que for possível e adequado.

Quanto à medida de prestações económicas ou de realização de tarefas a favor da comunidade, consiste em o menor entregar uma determinada quantia ou exercer atividade em benefício de entidade, pública ou privada, de fim não lucrativo.

As regras de conduta poderão ser as de não frequentar certos meios, locais ou espetáculos, não acompanhar determinadas pessoas, ou, por exemplo, não consumir bebidas alcoólicas.

A medida de imposição de obrigações tem por objetivo contribuir para o melhor aproveitamento na escolaridade ou na formação profissional e para o fortalecimento de condições psicobiológicas necessárias ao desenvolvimento da personalidade do menor e pode consistir em, por exemplo, obrigar o menor a frequentar um estabelecimento de ensino com sujeição a controlo de assiduidade e aproveitamento.

A medida de frequência de programas formativos consiste na participação em programas de ocupação de tempos livres, de educação sexual, de educação rodoviária ou outros.

A medida de acompanhamento educativo consiste na execução de um projeto educativo pessoal que abranja as áreas de intervenção fixadas pelo tribunal.

E, por último, a medida de internamento visa proporcionar ao menor, por via do afastamento temporário do seu meio habitual e da utilização de programas e métodos pedagógicos, a interiorização de valores conformes ao direito e a aquisição de recursos que lhe permitam, no futuro, conduzir a sua vida de modo social e juridicamente responsável.

Na escolha da medida cautelar o tribunal dá preferência, de entre as que se mostrem adequadas e suficientes, à medida que represente menor intervenção na autonomia de decisão e de condução de vida do menor e que seja suscetível de obter a sua maior adesão e a adesão dos seus pais, representante legal ou pessoa que tenha a sua guarda de facto.

16.
Como se decide com quem ficam os filhos depois do divórcio?

É certo que o divórcio põe fim ao casamento e aqueles que já foram marido e mulher até podem ter a ambição de nunca mais terem de lidar um com o outro, mas se existirem filhos, ex-marido e ex-mulher estarão para sempre ligados por quem trouxeram ao mundo e seria bom que todos os pais conseguissem, mesmo depois de abandonarem um projeto de vida em comum, conversar sobre os filhos.

Se os filhos forem menores à data do divórcio, importará decidir com quem ficam a viver e em que termos.

Chama-se a isto regular o exercício das responsabilidades parentais. Esta regulação pode ser feita por acordo entre os pais ou, se estes não chegarem a acordo, é feita pelo tribunal. No entanto, mesmo em caso de acordo, aquilo que os pais acordarem passará sempre pelo Ministério Público, que vai analisar se o acordo protege os interesses das crianças, e dar o seu parecer.

O atual quadro legal permite que, no caso de divórcio ou separação dos pais, a residência das crianças seja com um dos pais ou com ambos, de forma alternada. Aquilo que é preciso é que a solução adotada em cada caso seja a que melhor satisfaça o interesse dos filhos.

Desde há uns anos os tribunais vêm entendendo que, pelo menos em abstrato, a guarda partilhada do filho com residências alternadas, é a solução que melhor permite a manutenção de uma relação de grande proximidade com os dois progenitores, promovendo amplas oportunidades de contacto com ambos e de partilha de responsabilidades. Dizemos em abstrato porque a verdade é que será sempre necessário analisar o caso concreto, a família concreta, o concreto menor cuja residência está a ser discutida. Haverá casos em que, por diversas razões, o melhor para as crianças será ficarem a residir com a Mãe, tendo visitas do Pai, ou ficarem a residir com o Pai, assegurando-se as visitas da Mãe.

Em caso de desacordo entre os pais, o tribunal terá de decidir com quem ficam os filhos e em que condições, tendo em consideração o superior interesse da criança e ponderando todas as circunstâncias relevantes. Por exemplo, será importante ter em conta não só a disponibilidade manifestada pelo pai e pela mãe para promover relações habituais do filho com o outro, mas também o interesse da criança de manter uma relação de grande proximidade com os dois progenitores.

E a vontade ou opinião da criança vai ser tida em conta pelo tribunal nessa decisão?

A lei prevê que a criança tem direito a ser ouvida, sendo a sua opinião tida em consideração pelo tribunal a fim de decidir o que é melhor para si.

Ao contrário do que acontecia anteriormente, não existe uma idade a partir da qual a criança tem de ser ouvida. Aquilo que existe atualmente é um direito de qualquer criança ser ouvida desde que tenha "capacidade de compreensão dos assuntos em discussão, tendo em atenção a sua idade e maturidade".

É evidente que, muitas vezes, a tenra idade da criança não permite nem aconselha a sua audição.

Também pode acontecer que o estado psicológico e a situação concreta que está a ser vivida pela criança e pelos pais desaconselhe que ela seja ouvida. O tribunal, ajudado por técnicos com formação para o efeito, decidirá sobre a audição da criança.

Se decidir que a criança consegue compreender os assuntos que estão em causa e tem vontade e maturidade para ser ouvida, o tribunal vai designar um dia para essa audição, que obedece a certas regras e cuidados. Por exemplo, a criança não pode ser ouvida num espaço ou ambiente intimidatório, hostil ou inadequado à sua idade, maturidade e características pessoais.

Por outro lado, os operadores judiciários presentes na audição têm de ter formação adequada.

Nem os advogados, nem o juiz estão com o traje profissional – a toga e a beca – no momento da audição da criança. As "capas pretas" tornariam o ambiente compreensivelmente mais assustador para a criança que já está, só por si, numa situação difícil.

De resto, os advogados nem sempre estarão presentes: se a audição da criança for feita para efeitos de se recolher "prova" de algo, então deverá ser feita na presença dos advogados dos pais.

Se a audição da criança servir para que esta possa livremente exprimir a sua opinião, que será atendida em sede de decisão, o juiz pode ouvir a criança sem a presença dos advogados.

Não é, assim, como vimos, obrigatório que o tribunal oiça a criança sobre a qual se decide a vida nos próximos anos, mas o tribunal terá sempre de refletir sobre essa necessidade e fundamentar essa decisão em função da idade e da maturidade do menor. Já houve casos nos nossos tribunais em que decisões proferidas sobre responsabilidades parentais foram invalidadas pelo facto de não ter sido ouvido o menor e pelo facto de a sua não audição não ter sido justificada. À criança também pode, se o tribunal o julgar pertinente, ser nomeado um advogado para defesa dos seus interesses, que não poderá ser o advogado de nenhum dos progenitores.

TRABALHO, CONSUMO E EMPREENDEDORISMO

17.
Posso ser despedido porque o meu patrão está farto de mim?

Um contrato de trabalho pode terminar por diversas razões. O patrão estar farto do empregado não é uma delas.

A lei – mais precisamente o Código do Trabalho – prevê expressamente quais as causas de cessação do contrato de trabalho e estipula que ninguém pode ser despedido sem justa causa, nem por motivos políticos ou ideológicos.

Mas então como é que o contrato de trabalho pode chegar ao fim?

Existem causas mais simples ou lineares que outras. Desde logo, aquela que podemos indicar como primeira das modalidades de cessação do contrato de trabalho é a caducidade: o contrato de trabalho termina porque tinha um prazo determinado e esse prazo chega ao fim.

A segunda das modalidades é a revogação: patrão e empregado chegam a acordo sobre pôr fim ao contrato e assim revogam aquele vínculo laboral que os unia.

Também pode dar-se o caso de o trabalhador decidir, por sua iniciativa, denunciar o contrato, por exemplo, porque arranjou outro trabalho, e aí, com a antecedência que a lei prevê e que depende da sua antiguidade, comunica ao empregador que se vai embora.

Por outro lado, o trabalhador pode, antes, decidir resolver o contrato de trabalho com justa causa porque o empregador não lhe paga o ordenado há 3 meses ou porque não tem condições de segurança e saúde no trabalho, por exemplo. Nesses casos, o trabalhador tem de comunicar por escrito ao empregador porque é que está a resolver o contrato e fundamentar a sua decisão.

Também pode acontecer o trabalhador ser despedido por facto que lhe é imputável – mas este tipo de despedimento implica todo um processo, o chamado processo disciplinar. O patrão tem de começar por enviar ao trabalhador um documento chamado "nota de culpa", em que explica quais são os factos imputáveis ao trabalhador e que considera serem violadores dos seus deveres: por exemplo, o trabalhador faltou dez vezes no último mês sem justificar, ou foi apanhado a tirar dinheiro da caixa ou mesmo porque faltou ao respeito dos superiores hierárquicos de forma muito grave.

Quando recebe a nota de culpa, o trabalhador tem um prazo para responder, explicando a sua versão dos factos e indicando provas (por exemplo, documentos e/ou testemunhas).

Recebida a nota de culpa, a entidade empregadora, por si ou através de instrutor que nomeie, vai realizar as diligências probatórias que o trabalhador requereu na resposta à nota de culpa, a menos que as considere manifestamente dilatórias ou impertinentes, o que sempre terá de fundamentar.

Após a conclusão das diligências probatórias, o patrão tem de apresentar cópia integral do processo à comissão de trabalhadores (se existir) e, caso o trabalhador seja representante sindical, à associação sindical respetiva, sendo que estas duas entidades podem juntar ao processo o seu parecer fundamentado.

Depois desta fase, chamada de "instrução", o empregador pode decidir o despedimento do trabalhador. Na decisão – que tem de ser fundamentada e por escrito – o patrão tem de ponderar as circunstâncias do caso, a adequação do despedimento à culpabilidade do trabalhador e os pareceres dos representantes dos trabalhadores, não podendo ser invocados factos não constantes da nota de culpa ou da resposta do trabalhador, a menos que sirvam para atenuar a responsabilidade.

A decisão determina o fim do contrato logo que chega ao poder do trabalhador ou é dele conhecida ou, ainda, quando só por culpa do trabalhador não foi por ele oportunamente recebida (porque, por exemplo, se recusou a receber a decisão).

Como se vê, a lei não permite que o empregador despeça o seu trabalhador apenas porque está farto dele.

E se o fizer, o trabalhador terá sempre possibilidade de ver a (i)legalidade do seu despedimento ser apreciada por um tribunal. Na verdade, o trabalhador pode opor-se ao despedimento, mediante apresentação de requerimento em formulário próprio, junto do tribunal competente, no prazo de 60 dias, contados a partir da receção da comunicação de despedimento ou da data de cessação do contrato, se for posterior.

O tribunal pode concluir que o despedimento do trabalhador foi ilegal e além de condenar a entidade patronal a indemnizar o trabalhador, em certos casos a entidade empregadora pode mesmo ter de reintegrar o trabalhador na empresa.

Mas além da justa causa, da denúncia, caducidade, resolução e revogação, há ainda outras situações que levam ao despedimento de alguém: a situação de despedimento coletivo, a extinção do posto de trabalho e o despedimento por inadaptação.

Quer no despedimento coletivo, quer no despedimento fundado em extinção do posto de trabalho, os fundamentos da cessação do contrato de trabalho têm a ver com a empresa, ou seja, estão relacionados com o conjunto de circunstâncias ou condições em que se desenvolve a sua atividade – e não com o trabalhador.

O despedimento coletivo corresponde essencialmente à cessação de vários contratos de trabalho promovida pelo empregador e operada simultânea ou sucessivamente no período de três meses, abrangendo, pelo menos, dois ou cinco trabalhadores (dependendo do tamanho da empresa) e fundamentada em encerramento de uma ou várias secções ou estrutura equivalente ou redução do número de trabalhadores determinada por motivos de mercado, estruturais ou tecnológicos.

Já a extinção do posto de trabalho trata-se, como o nome indica, do fim de determinado posto de trabalho que pode resultar de motivos de mercado, estruturais ou tecnológicos relativos à empresa.

Por último, o despedimento por inadaptação resulta de situação em que houve uma alteração recente no posto de trabalho do trabalhador resultante de novos processos de fabrico, novas tecnologias ou de novos equipamentos e o trabalhador não se conseguiu mesmo adaptar a ela. Claro que há vários requisitos para este tipo de despedimento – desde logo, a entidade empregadora tem de ter dado ao trabalhador formação profissional e concedido um período de adaptação. Por outro lado, só é possível o empregador proceder a este tipo de despedimento se se chegar à conclusão que se tornou praticamente impossível a subsistência da relação de trabalho, quer porque se está a verificar uma redução continuada de produtividade ou de qualidade, quer porque há avarias repetidas nos meios afetos ao posto de trabalho, ou mesmo porque estão a ser criados riscos para a segurança e saúde do trabalhador, de outros trabalhadores ou de terceiros.

Em conclusão: acabar com o contrato de trabalho de alguém não depende, apenas, da vontade do empregador e o nosso Código de Trabalho procura proteger o trabalhador nessa situação.

18.
A minha empresa deixou de me pagar o ordenado e foi declarada insolvente. O que posso fazer?

A Mariana há cinco anos que trabalha na agência de publicidade e marketing mais conhecida em Portugal, a "Publicidade Manhosa Lda.". Aprendeu muito e adora o que faz, mas há 6 meses que não recebe o seu ordenado apesar de, todos os meses, Miguel, o gerente da empresa, lhe assegurar que esta é só uma fase e que, em breve, a empresa vai regularizar as suas dívidas. A Mariana está a esgotar as suas poupanças e já não está disposta a esperar mais pelas promessas pouco sérias do Miguel. O que é que pode fazer?

Um dos deveres do empregador perante o trabalhador é pagar pontualmente a retribuição, que deve ser justa e adequada ao trabalho. Se o empregador não paga, a Mariana pode, desde logo, suspender o contrato de trabalho. Durante a suspensão, o contrato de trabalho continua vivo – embora adormecido – mantendo-se, pelo menos, certos deveres que não dependem da efetiva prestação de trabalho e, assim, a Mariana pode ficar temporariamente em casa sem trabalhar.

Mas a Mariana pode tomar uma decisão mais radical e resolver o contrato de trabalho com justa causa. A falta culposa do pagamento pontual da retribuição pelo empregador é um dos fundamentos de justa causa de resolução de um contrato de trabalho.

Na verdade, a lei considera que é culposa a falta de pagamento pontual da retribuição que se prolongue por período de 60 dias, ou quando o empregador, a pedido do trabalhador, declare por escrito a previsão de não pagamento da retribuição em falta até ao termo daquele prazo.

A Mariana decidiu resolver o contrato, a empresa entregou-lhe os papéis para o subsídio de desemprego, mas como vai a Mariana recuperar aquilo que a empresa lhe deve?

A Mariana falou com um advogado e decidiram intentar uma ação contra a empresa, para que a "Publicidade Manhosa Lda." seja condenada a pagar-lhe o que lhe deve, com juros. Mas enquanto o advogado preparava a ação, a Mariana teve conhecimento de que a empresa fora declarada insolvente. E agora?

Uma empresa pode ser declarada insolvente quando o seu passivo for maior que o seu ativo, ou seja, quando os seus bens e direitos forem insuficientes para fazer face às suas dívidas.

Aquilo que é determinante para o tribunal declarar a insolvência de uma empresa é a conclusão de que a empresa não consegue, de facto, satisfazer as suas obrigações: a empresa está numa situação de impotência para satisfazer a generalidade dos seus compromissos.

A empresa pode, por sua iniciativa, apresentar-se à insolvência ou pode ser um credor a requerer que seja declarada a insolvência da empresa.

No caso da empresa para a qual a Mariana trabalhava, foi um dos credores mais afetados com o incumprimento que decidiu requerer a insolvência ao tribunal. O credor explicou ao tribunal a dívida que a empresa tinha para consigo e invocou ainda outros factos que a lei presume traduzirem uma situação de insolvência: o facto de a empresa ter dívidas perante a autoridade tributária, segurança social e não ter pago os ordenados aos seus trabalhadores nos últimos seis meses – trabalhadores esses entre os quais se encontrava a Mariana.

A sentença que declara a insolvência vai ser afixada na sede da empresa e a partir da data do anúncio da insolvência, os credores têm 30 dias para reclamar os seus créditos.

É nomeado um administrador de insolvência à empresa e os credores têm de lhe escrever a invocar o crédito que têm, a explicar a sua origem e a classificá-lo. É verdade, os créditos podem ser de diferentes espécies: no caso da Mariana, que tem um crédito laboral, estamos perante um "crédito privilegiado", o que significa que vai ter prioridade sobre outros créditos, como por exemplo as dívidas da empresa a fornecedores que, em princípio, serão consideradas "créditos comuns".

A Mariana e o seu crédito vão ser incluídos na lista de credores, será feita uma graduação dos créditos (ou seja, vão ser listados os créditos por ordem de prioridade de pagamento), e, depois de liquidados os bens que existirem da empresa, será preciso ver o que resultou para pagar aos credores.

O processo pode arrastar-se durante bastante tempo e a Mariana está aflita com o dinheiro. Não há nenhuma solução, entretanto, que possa minimizar a situação?

Há, a Mariana pode recorrer ao Fundo de Garantia Salarial, que visa assegurar o pagamento das dívidas das entidades empregadoras aos seus trabalhadores quando, por estarem em situação de insolvência ou numa situação económica difícil, aquelas não as podem pagar. Este pedido deve ser feito até um ano a partir do dia seguinte em que cessou o contrato de trabalho.

19. Como posso proteger a marca de brincos que criei?

A Catarina vendia, quando era pequena, brincos de missangas e conchas aos tios com quem passava férias de verão. Mais velha, decidiu fazer uns workshops de joalharia, partilhou umas fotografias nas suas redes sociais, e teve tanto sucesso que decidiu abrir uma loja de brincos com o seu nome – Cata Bordalo. O negócio cresceu tão bem e tão depressa, que Catarina quis informar-se, tendo procurado saber o que podia fazer para proteger esta sua marca, a que tanto se tinha dedicado.

Em Portugal, a entidade responsável pelos registos de marcas a nível nacional é o INPI, Instituto Nacional da Propriedade Industrial.

Atualmente, é possível proceder ao registo de uma marca online e, portanto, enquanto criamos o site do nosso negócio podemos estar a registar a nossa marca ao mesmo tempo.

A marca é um sinal usado no comércio para diferenciar produtos ou serviços e deve permitir que os consumidores sejam capazes de reconhecê-la e distingui-la das marcas de outras empresas existentes no mercado.

O registo é essencial, porque vai conferir ao dono da marca o direito de a usar de forma exclusiva, protegendo-se assim de cópias e imitações.

Qualquer pessoa, singular ou coletiva, pode registar uma marca apresentando um pedido de registo junto do INPI. Antes de apresentar o pedido de registo convém, contudo, que a pessoa interessada confirme alguns aspetos: que não há uma marca igual à sua já registada, que a marca que quer registar permite aos consumidores distinguirem a sua marca de outras, não os induzindo em erro, que a sua marca não tem elementos proibidos pela lei, e que não é constituída apenas por palavras que descrevem o produto ou serviço – por exemplo, não é possível registar uma marca só chamada "Café" para o café que está a vender.

Há, no entanto, vários tipos de marcas. Podemos estar perante uma marca que é nominativa porque apenas contém palavras, letras, números ou outros caracteres tipográficos convencionais; perante uma marca figurativa, que é só composta por imagens ou desenhos; por uma marca figurativa com elementos verbais, que mistura a nominativa com a figurativa; e, por último, perante uma marca tridimensional que consiste numa forma, incluindo a de recipientes, embalagens ou do produto propriamente dito e a sua aparência.

Registar uma marca é a única forma de a proteger de cópias ou uso indevido. Se não registar a minha marca, qualquer pessoa a poderá copiar, e se a registar primeiro que eu, poderei mesmo ser obrigada a deixar de a usar.

Existe, contudo, uma "benesse" que a lei confere a quem vem usando uma marca sem a registar: aquele que usar marca livre ou não registada por prazo não superior a seis meses tem, durante esse prazo, direito de prioridade para efetuar o registo, podendo reclamar contra o registo que for pedido por outra pessoa.

Mas quando é que se vai considerar que a marca que registei está a ser copiada?

A marca registada será considerada imitada ou usurpada por outra, no todo ou em parte, quando, cumulativamente:

a) A marca registada tiver prioridade;
b) Sejam ambas destinadas a assinalar produtos ou serviços idênticos ou afins;
c) Tenham tal semelhança gráfica, figurativa, fonética ou outra que induza facilmente o consumidor em erro ou confusão, ou que compreenda um risco de associação com marca anteriormente registada, de forma que o consumidor não as possa distinguir senão depois de exame atento ou confronto.

Por exemplo, a minha marca registada chama-se "PÃO DE LAW" e abrange, entre outros serviços, a informação na área do entretenimento, a produção de áudio, vídeo e multimédia, a criação escrita de conteúdos educativos para *podcast*. Será certamente recusado o pedido de registo de marca chamada "PAUM DE LÓ" que abranja precisamente os mesmos serviços. A semelhança fonética é tal que o consumidor é facilmente induzido em erro.

Convém, por último, referir que registar uma marca tem alguns custos: primeiro, começa-se por pagar uma "taxa de pedido de registo", que é logo devida quando se apresenta o pedido. Depois, será devida a taxa de registo, que é paga quando o registo lhe for concedido e depois existem ainda os custos de manutenção do registo, a pagar de 10 em 10 anos, uma vez que o registo da marca é válido por esse período de tempo a contar da apresentação do pedido e depois pode sempre ser renovado por sucessivos períodos de 10 anos.

Parece escusado dizer que o investimento, em princípio, compensa, já que uma marca pode ser um dos ativos mais importantes e valiosos da vida de uma empresa – basta pensarmos em quanto valem as marcas "Google", "Apple" ou "McDonald's".

20. Fui fazer californianas, mas saí de lá sem cabelo. E agora?

A Patrícia sempre foi vaidosa, e o seu *ex-libris* era o seu longo cabelo castanho. Era frequentemente elogiada por ter um cabelo forte e saudável. Um dia, teve um desgosto de amor e quis fazer uma mudança de visual. Como não queria nada muito radical, decidiu fazer apenas umas californianas. Foi ao melhor cabeleireiro da cidade, explicou o que queria e o Jean-Michel, conceituado cabeleireiro das celebridades, pôs mãos à obra. Misturou tintas e produtos, e começou a pôr a mistura no cabelo de Patrícia.

Passados uns minutos, começa a cheirar a queimado e Jean-Michel percebe que alguma coisa não correu bem.

Quando tirou as pratas do cabelo de Patrícia, começaram a vir madeixas atrás. Patrícia chora e Jean-Michel desespera. Patrícia acaba de perder o seu longo cabelo castanho, e Jean-Michel ainda lhe cobra € 200,00 pelo serviço.

Ainda tentam remediar com um tratamento de hidratação e um pequeno corte, mas os longos cabelos de Patrícia já eram e ela vai para casa inconsolável. Já só o tempo poderá trazer o cabelo de Patrícia de volta. Patrícia gastou centenas de euros com produtos e tratamentos de reconstrução capilar, além de se ter fechado em casa semanas a fio com vergonha de que a vissem naquele estado. Há alguma coisa que ela possa fazer contra Jean-Michel?

O contrato que une Patrícia e Jean-Michel é um contrato de prestação de serviços, no domínio das relações de consumo, sendo os produtos que Jean-Michel usou no cabelo de Patrícia bens de consumo. A Lei de Defesa do Consumidor prevê que qualquer pessoa a quem seja fornecido um bem ou prestado um serviço defeituoso, tem direito a uma indemnização pelos danos patrimoniais e não patrimoniais que esse bem ou serviço defeituoso provoquem, o que significa que a Patrícia tem direito a receber uma indemnização de Jean-Michel.

Neste caso, a culpa de Jean-Michel presume-se, o que significa que terá de ser ele a provar que aquele desfecho não procedeu de culpa sua. Por exemplo, se o cabelo de Patrícia tivesse ficado estragado por ela ter feito um alisamento chinês um mês antes, tendo Jean-Michel expressamente perguntado a Patrícia se tinha feito algum alisamento porque podia ter aquela consequência, tendo Patrícia mentido, dizendo que o seu cabelo era naturalmente liso, nesse caso, Jean-Michel podia conseguir uma absolvição, porque demonstraria que tinha agido com a cautela e diligência necessárias e adequadas ao caso.

Os danos patrimoniais que Patrícia pode pedir podem ser, por exemplo, os produtos específicos que teve de comprar para tentar remediar o problema, ou o tratamento de recuperação que teve de fazer.

Os danos morais são aqueles que 'não têm preço': a angústia e a tristeza por ter ficado sem a sua imagem de marca, a diminuição de auto-estima, ansiedade por não querer sair com o cabelo naquele estado, etc. Mas atenção, como foi decidido num processo judicial em Portugal[2], numa situação em que estavam precisamente em causa danos causados ao cabelo de uma cliente num salão de cabeleireiro, os danos não patrimoniais só devem ser atendíveis quando se revistam de gravidade suficiente para merecer a tutela do Direito. Na situação desse processo, estava em causa uma jovem de dezoito anos à data dos factos (idade de fragilidades e inseguranças), que se sentiu afetada por esta situação, dado ter uma imagem pessoal e profissional a afirmar, e apesar de se perceber e justificar o seu desgosto por ter o cabelo danificado, não se deve atender a sensibilidades exacerbadas para compensar o lesado e, por isso, o Juiz de Paz atribuiu, nesse caso, uma indemnização de € 200,00 a título de danos não patrimoniais, em vez dos € 5.000,00 pedidos pela jovem descabelada.

[2] Sentença do Julgado de Paz de Vila Nova de Gaia de 03.06.2017, Proc. 56/2016-JP

DÍVIDAS

21.
Posso ir preso por ter dívidas? O que acontece se não conseguir pagar aos meus credores?

A resposta é: não! Ninguém pode ir preso por ter dívidas. A única "dívida" que pode dar prisão é o não pagamento da pensão de alimentos devida a menores, quando se comprove que a pessoa tem meios para pagar e não o faça de forma reiterada.

Mas se eu pedir dinheiro emprestado ao meu primo e nunca mais lhe pagar de volta porque, entretanto, fiquei desempregado, não posso ir preso por não conseguir saldar essa dívida.

Se eu deixar de ter dinheiro para pagar a prestação do empréstimo ao banco, também não posso ir preso.

Se eu tiver de pagar uma quantia ao fisco e não conseguir pagá-la, também não posso ir preso. Posso ser executado, podem ficar-me com as jóias, o carro e a casa, mas não me podem pôr na prisão.

Qualquer pena de prisão só pode ser aplicada por um tribunal e se precedida de um processo penal. Ou seja, eu só posso ser condenado em pena de prisão se: 1) tiver cometido um crime; 2) esse crime tiver como consequência possível a pena de prisão; 3) tiver existido um processo penal em que eu tenha sido julgado por esse crime; 4) um juiz ou coletivo de juízes decida condenar-me a cumprir uma pena de prisão; 5) essa condenação tenha transitado em julgado, isto é, seja definitiva, sem possibilidade de recurso.

Não é crime ter dívidas, e por isso nunca poderia admitir-se que alguém fosse preso por ter uma determinada dívida.

Mas lá porque não posso ir preso, não significa que não possa ter um sem-fim de problemas.

Se eu tiver uma dívida, e tiver também um trabalho com determinada remuneração, posso ser alvo de um processo executivo, onde o meu credor – a pessoa a quem estou a dever dinheiro – se vai fazer pagar, penhorando-se uma parte do meu ordenado, que passa a ir diretamente para a conta do meu credor. Isto tem limites: há valores que são impenhoráveis. Nos termos da lei, são impenhoráveis dois terços da parte líquida dos vencimentos, salários, prestações periódicas pagas a título de aposentação ou de qualquer outra regalia social, seguro, indemnização por acidente, renda vitalícia, ou prestações de qualquer natureza que assegurem a subsistência do executado.

O limite máximo desta impossibilidade de penhora é o montante equivalente a três salários mínimos, e o limite mínimo, se não houver outros rendimentos, é o do salário mínimo.

Assim, se o executado tem um vencimento líquido de € 10.000, o montante impenhorável não serão os ⅔, mas sim € 2.115,00 (€ 705,00 – o salário mínimo atualmente – x 3). Significa que tudo o que recebe acima deste valor é suscetível de ser penhorado. Se ganhar, por exemplo, € 850,00 líquidos, também não lhe será penhorado ⅔ do vencimento, mas apenas aquilo que excede um salário mínimo, ou seja, € 850 – € 705 = € 145,00.

Se eu tiver bens em meu nome – uma casa ou um carro, por exemplo –, esses bens também poderão ser indicados no processo executivo, e poderei ficar sem eles. O normal nestes casos é que acabem vendidos em leilão, usando-se o valor do último lance para pagar a dívida ou, pelo menos, abater uma parte.

Se eu chegar a um ponto em que as minhas dívidas são substancialmente superiores aos meus rendimentos, e não tenho mesmo forma de as pagar, posso pedir a minha insolvência, o que é feito através de petição dirigida a tribunal, obrigatoriamente subscrita por advogado, onde se expõem os factos que integram a situação de insolvência.

22. Fui fiador do meu sobrinho num contrato de arrendamento, posso deixar de ser a qualquer momento?

Um fiador é alguém que assume o pagamento de uma determinada dívida em nome de outra pessoa. Significa que se a pessoa que tem a dívida (o devedor principal) não pagar o que deve a tempo e horas, o fiador pode ser chamado a pagar aquilo que está em dívida.

Vamos imaginar que o António quis arrendar um apartamento, mas o senhorio exigia que tivesse um fiador. António pediu ao tio Amílcar que fosse seu fiador, e ele prontamente acedeu.

Entretanto, tio e sobrinho zangaram-se, e Amílcar quer deixar de ser fiador naquele contrato. Mas dificilmente conseguirá. Na verdade, não há nada que Amílcar possa fazer para simplesmente se desvincular e deixar de ser fiador. Pode tentar renegociar, e se tanto o senhorio como o António aceitarem, Amílcar pode ser substituído no seu papel de fiador (ou seja, António teria sempre de encontrar um novo fiador a não ser que o senhorio deixasse de o exigir).

Se não houver abertura para renegociar, Amílcar terá mesmo de ficar "preso" ao contrato.

Se António cumprir o contrato pontualmente, pagar todas as rendas e terminar o arrendamento sem qualquer dívida, Amílcar não terá nenhum problema e ver-se-á 'safo' de qualquer problema. O fim do contrato de arrendamento que vinculou Amílcar determinará também o fim da sua obrigação enquanto fiador. Atenção que, caso Amílcar tenha sido fiador num contrato que se renove automaticamente, também a sua qualidade de fiador se renovará.

Se António incumprir, Amílcar será mesmo chamado a pagar a dívida. A lei prevê uma pequena proteção para os fiadores, que é o chamado benefício da excussão prévia. O benefício da excussão prévia implica que, antes de "atacar" o fiador e o seu património, o credor tenha de, primeiro, esgotar todo o património do devedor. Ou seja, se o António tiver rendimentos de relevo e/ou património em seu nome, o senhorio terá primeiro de o executar a ele, e só depois, na falta de rendimentos ou património de António suficientes para garantir o pagamento da dívida, poderá executar o fiador, o tio Amílcar.

Hoje em dia há muitos contratos com fiador em que se insere uma cláusula de "renúncia ao benefício da excussão prévia". Se o contrato tiver esta cláusula, o senhorio vai poder executar tanto o António como o fiador, sem ter de esgotar primeiro os bens de António. Isto é, o senhorio pode ir diretamente cobrar a dívida ao fiador.

Caso o António entre em dívida, o Amílcar poderá substituir-se na posição do senhorio. Para isso, terá de pagar a dívida ao senhorio, e depois passa a agir na qualidade de credor, sub-rogando-se nos direitos deste. Não é uma opção especialmente vantajosa, até porque, se o António incumpriu o contrato, provavelmente é porque deixou de ter meios para o fazer. A seu favor terá, neste cenário, o facto de irem vencendo juros sobre a dívida inicial.

Se as coisas correrem mal, e o senhorio executar Amílcar para pagamento da dívida de António, Amílcar passará a ter aquilo a que se chama "direito de regresso" contra António. Significa que pode posteriormente processá-lo e exigir o dinheiro que pagou ao senhorio de volta.

CASA E VIZINHANÇA

23.
Não aguento o barulho dos meus vizinhos, o que posso fazer?

A chinfrineira dos vizinhos tem um nome – ruído de vizinhança – e está regulada na lei, mais precisamente no Regulamento Geral do Ruído.

Na verdade, constitui tarefa fundamental do Estado a prevenção do ruído e o controlo da poluição sonora visando a salvaguarda da saúde humana e o bem-estar das populações.

O ruído de vizinhança corresponde, nas palavras da lei, ao ruído associado ao uso habitacional e às atividades que lhe são inerentes, produzido diretamente por alguém, diretamente ou por intermédio de outrem, por coisa à sua guarda ou animal colocado sob a sua responsabilidade, que, pela sua duração, repetição ou intensidade, seja suscetível de afetar a saúde pública ou a tranquilidade da vizinhança.

Isto significa que tanto representa ruído de vizinhança o incessante ladrar do cão vizinho do 2.º andar, como o *karaoke* toda a noite da vizinha do 4.º andar.

Se, durante a noite, entre as onze e as sete da manhã, a vizinha de cima estiver a fazer uma festa com os amigos com música que não deixa os vizinhos de baixo dormir, os vizinhos de baixo podem chamar a polícia, que deve ordenar à vizinha "a adoção das medidas adequadas para fazer cessar imediatamente a incomodidade" – leia-se, neste caso, desligar a música.

Mas e se o barulho acontecer durante o dia? Se, por exemplo, o cão do vizinho estiver todo o dia a ladrar? Nesse caso, e entre as sete da manhã e as onze da noite, se a polícia for chamada pode fixar ao produtor do ruído – no caso, o dono do cão – um prazo para fazer cessar o ruído.

Quanto às obras que sejam de recuperação, remodelação ou conservação realizadas no interior de edifícios destinados a habitação, comércio ou serviços e que constituam fonte de ruído, só podem ser realizadas em dias úteis, entre as 8 da manhã e as 8 da noite, e não estão sujeitas à emissão de licença especial de ruído. Ainda assim, o responsável pela execução das obras tem de afixar num local acessível aos utilizadores do edifício – geralmente, no *hall* do prédio ou no elevador – a duração prevista das obras e, sempre que possível, o período horário no qual se prevê que ocorra a maior intensidade de ruído.

Há exceções aos horários das obras: se as obras tiverem carácter de urgência para evitar ou reduzir o perigo de produção de danos para pessoas ou bens, não estão sujeitas ao horário previsto para as obras de remodelação, recuperação ou conservação – se o elevador está a cair, convém repará-lo, mesmo que seja meia-noite.

Mas há mais barulhos especialmente incómodos na vida em vizinhança: se o alarme do carro do vizinho disparar durante a noite e estiver a tocar incessantemente, aqueles legitimamente incomodados pelo ruído também estão protegidos. Não é preciso atirar uma pedra ao carro, basta esperar vinte minutos: as autoridades policiais podem proceder à remoção de veículos que se encontram estacionados ou imobilizados com funcionamento sucessivo ou ininterrupto de sistema sonoro de alarme por período superior a vinte minutos.

De tempos a tempos, os tribunais são chamados a pronunciar-se sobre o ruído de vizinhança porque alguém se farta do vizinho ou da vizinha que torna a sua vida num inferno com o barulho fora de horas.

Em 2018, chegou ao Tribunal da Relação de Lisboa um caso interessante que envolvia o barulho de saltos altos e de um aspirador infernal.

O Mário e a Maria, residentes no 8.º dto., em Lisboa, intentaram contra a Marisa, residente no 9.º dto. do mesmo prédio, uma ação pedindo que a Marisa fosse condenada a cessar imediatamente o ruído incomodativo produzido por si e pelo seu animal de companhia, e a indemnizá-los no montante de € 15.000,00.

Essencialmente, o Mário e a Maria alegaram que a Marisa, entre as sete e as oito da manhã, produzia ruídos incomodativos e perturbadores propositadamente com o objetivo de perturbar a saúde física e mental dos vizinhos, o que estava a conseguir, causando-lhes danos manifestos na sua saúde e descanso.

A Marisa defendeu-se, dizendo que o barulho que faz antes das oito da manhã cinge-se ao normal e estritamente necessário a levantar-se, tomar banho, vestir-se e sair de casa por forma a ir trabalhar, não fazendo qualquer barulho de forma propositada ou com intenção de prejudicar os seus vizinhos. Disse também que o seu cão, de raça pequena e já adulto, não fazia barulhos desadequados.

Em tribunal, ficou provado que a Marisa, quase diariamente, por volta das 07:00 horas, calçava uns sapatos que sabia serem ruidosos e que ecoavam no chão de tijoleira que, entretanto, tinha colocado no apartamento, enquanto fazia a sua rotina matinal, até cerca das 08:00 horas. Chegou mesmo a provar-se que, por vezes, antes de se ausentar de casa a Marisa descalçava esses sapatos ruidosos, saindo com sapatos de sola mais silenciosa. Também se provou que a Marisa batia as portas dos roupeiros com violência e, aos fins-de-semana, começava a fazer limpezas a partir das sete da manhã, chegando mesmo a fazer uso do aspirador antes das oito horas.

Por sua vez, o pequeno cão da Marisa ladrava e chorava intensamente sempre que a dona saía de casa.

O tribunal considerou que o Mário e a Maria tinham todo o direito de pedir o fim do ruído provocado pela Marisa e que tinham também direito a uma indemnização. Não lhes deu os € 15.000,00 pedidos, mas condenou a Marisa a pagar-lhes uma compensação de € 7.500,00. E assim se fez justiça no prédio do Mário, da Maria e da Marisa!

24.
Posso fazer queixa do meu vizinho que maltrata o cão?

Sim! Os maus-tratos físicos a animais são crime e qualquer pessoa que testemunhe a situação pode apresentar queixa às autoridades.

Como o crime de maus-tratos a animais é um crime público, isto significa que qualquer pessoa pode apresentar queixa e que o crime vai ser investigado pelas autoridades assim que tiverem notícia dele.

A lei prevê que quem, sem motivo legítimo, infligir dor, sofrimento ou quaisquer outros maus-tratos físicos a um animal de companhia, é punido com pena de prisão que pode ir de 6 meses a 1 ano, ou com uma multa que pode ir de 60 a 120 dias.

Se a morte for produzida em circunstâncias que revelem especial censurabilidade ou perversidade, o limite máximo da pena é agravado em um terço. Mas que circunstâncias podem revelar essa especial censurabilidade ou perversidade?

A lei dá alguns exemplos. Se o crime for de especial crueldade, designadamente por empregar tortura ou ato de crueldade que aumente o sofrimento do animal, ou se forem utilizadas armas, instrumentos, objetos ou quaisquer meios e métodos insidiosos ou particularmente perigosos, ou mesmo se o crime for determinado pela avidez, pelo prazer de matar ou de causar sofrimento, para excitação ou por qualquer motivo torpe ou fútil, haverá um agravamento da pena. 'Por qualquer motivo torpe ou fútil' significa que o motivo da atuação, avaliado segundo as conceções éticas e morais ancoradas na comunidade, deve ser considerado especialmente repugnante, baixo ou gratuito.

Se o meu vizinho dá pontapés ao cão e se esses pontapés vierem mesmo a provocar a sua morte ou afetarem, por exemplo, a capacidade do cão andar, a pena de prisão pode ir até 2 anos e a multa pode chegar aos 240 dias.

E se o meu vizinho for de férias e, pura e simplesmente, abandonar o cão no meio do mato?

O abandono de animais também é um crime previsto no Código Penal e é punível com pena de prisão que pode ir até seis meses ou com pena de multa até 60 dias. Se do abandono vier a resultar perigo para a vida do animal, os limites da pena são agravados em um terço. O meu vizinho diz que não quer saber, porque mesmo que seja condenado ninguém lhe tira o cão e se for preciso arranja outro...

Mas é bom que queira saber. Consoante a gravidade do crime e a culpa de quem o pratica, os maus-tratos a animais ou o crime de abandono podem implicar sanções acessórias – isto é, "castigos extra" – além da multa ou da prisão. Um desses castigos é, precisamente, a proibição de ter animais de companhia por um período que pode ir até aos 6 anos.

Não são só os cães que estão protegidos por lei. O Código Penal fala em animais de companhia e explica que qualquer animal detido ou destinado a ser detido por pessoas, designadamente em casa, para seu entretenimento e companhia é considerado animal de companhia. Assim, se o meu vizinho decidir torturar o hamster também estará a cometer um crime de maus-tratos a animais e se eu conseguir perceber isso através da sua janela posso ir denunciar a situação às autoridades.

O Tribunal Constitucional já declarou a inconstitucionalidade desta lei, mas essa decisão concreta não impede que a lei continue a ser aplicada, uma vez que a inconstitucionalidade não foi declarada com força obrigatória geral e só produz efeitos no processo em que foi proferida.

Até 2014, os maus-tratos a animais não tinham tutela penal, ou seja, não era crime tratar mal um animal, sendo essa lacuna da lei colmatada, por vezes, com a punição a título do crime de dano, já que, juridicamente, a lei considerava que os animais eram coisas. Maltratar um cão era o mesmo que danificar um carro, por exemplo. Mais tarde, a lei veio a prever expressamente que os animais são seres vivos dotados de sensibilidade, e objeto de proteção jurídica em virtude da sua natureza.

Por outro lado, além do dever evidente de não infligir maus-tratos ao seu animal de estimação (nem ao de outras pessoas), o proprietário de um animal doméstico tem o encargo de o vigiar sob pena de responder pelos danos que ele causar, salvo se provar que não houve culpa da sua parte.

Existe mesmo um regime especial para animais perigosos e potencialmente perigosos.

A lei considera animal perigoso qualquer animal que:

i) Tenha mordido, atacado ou ofendido o corpo ou a saúde de uma pessoa;
ii) Tenha ferido gravemente ou morto um outro animal, fora da esfera de bens imóveis que constituem a propriedade do seu detentor;
iii) Tenha sido declarado, voluntariamente, pelo seu detentor, à junta de freguesia da sua área de residência, que tem um caráter e comportamento agressivos;
iv) Tenha sido considerado pela autoridade competente como um risco para a segurança de pessoas ou animais, devido ao seu comportamento agressivo ou especificidade fisiológica.

Por outro lado, é considerado um animal potencialmente perigoso qualquer animal que, devido às características da espécie, ao comportamento agressivo, ao tamanho ou à potência de mandíbula, possa causar lesão ou morte a pessoas ou outros animais, nomeadamente os cães pertencentes às raças previamente definidas como potencialmente perigosas, bem como os cruzamentos de primeira geração destas, os cruzamentos destas entre si ou cruzamentos destas com outras raças.

Não é qualquer pessoa que pode ser dona de um cão perigoso ou potencialmente perigoso: a detenção de cães perigosos ou potencialmente perigosos, enquanto animais de companhia, carece de licença emitida pela junta de freguesia da área de residência do detentor, entre os 3 e os 6 meses de idade do animal, atribuída após comprovação da idoneidade do detentor.

Além disso, os donos deste tipo de cães estão obrigados a promover o seu treino, com vista à sua socialização e obediência, o qual não pode, em caso algum, ter em vista a sua participação em lutas ou o reforço da agressividade para pessoas, outros animais ou bens. Este treino deve iniciar-se entre os 6 e os 12 meses de idade do animal.

As lutas entre animais são mesmo proibidas por lei e constituem crime. Na verdade, quem promover, por qualquer forma, lutas entre animais, nomeadamente através da organização de evento, divulgação, venda de ingressos, fornecimento de instalações, prestação de auxílio material ou qualquer outra atividade dirigida à sua realização, é punido com pena de prisão até 3 anos ou com pena de multa. E só participar nesse tipo de lutas pode levar a uma pena de prisão até 2 anos ou pena de multa.

25.
Quantos animais posso ter em casa?

A D. Otília tem uma paixão por gatos que já vem da sua mãe. Sempre que vê um gato indefeso na rua, não resiste a dar-lhe logo um nome e a trazê-lo para casa.

No total, a D. Otília já tem 21 gatos. Apesar de ser adorável que a D. Otília queira salvar todos os gatinhos que encontra, será que pode ter tantos gatos em casa?

A resposta é: não. Segundo a lei, a D. Otília não pode, em abstrato, ter mais do que quatro gatos em casa, quer viva num apartamento citadino, quer viva num *chalet* com jardim. Depois, em concreto, é preciso que a casa da D. Otília tenha boas condições de alojamento para os animais e ausência de riscos hígio-sanitários relativamente à conspurcação ambiental e doenças transmissíveis a seres humanos. É preciso ainda ter em conta a salubridade e tranquilidade da vizinhança.

A D. Otília pode, no entanto, pedir uma autorização sanitária ao município do local onde reside para construir um gatil em casa, mediante parecer do médico veterinário principal.

Caso não lhe seja dada essa autorização, a D. Otília terá mesmo de reduzir os seus fiéis companheiros ao número máximo de quatro. Se estivéssemos a falar de cães adultos, nos termos da lei, a D. Otília não poderia ter mais de três (podendo igualmente pedir autorização para fazer um canil em casa).

Caso não o faça, a câmara municipal, após vistoria conjunta do delegado de saúde e do médico veterinário municipal, pode mandar retirar os animais para o gatil municipal, se a D. Otília não optar por outro destino: por exemplo, distribuir os gatinhos a mais pelas primas.

A D. Otília terá também de registar os seus gatos no Sistema de Informação de Animais de Companhia, sendo obrigatória a implantação de um microchip. Se não o fizer, a D. Otília está a praticar uma contraordenação punida com coima que pode ir dos € 50,00 aos € 3,740,00.

Se a D. Otília quiser passear os seus gatos na rua – o que é pouco comum, mas pode acontecer – tem de o fazer de trela. É verdade, não são só os cães que têm obrigatoriamente de ser passeados de trela. É obrigatório, na via pública, o uso de coleira nos felinos domésticos, que devem ser passeados de trela. Na coleira deverá constar o nome e morada ou telefone do dono. Assim, caso o Bola de Neve desapareça depois do seu passeio matinal, quem o encontrar pode facilmente devolvê-lo à sua dona – quem sabe não começa assim uma linda história de amor.

26.
Comprei uma casa nova, mas chove lá dentro. O que posso fazer?

A Susana ganhou umas coroas quando se divorciou do marido, e quis aplicar o dinheiro numa casinha só para ela.

Soube de um prédio na Lapa que estava a ser reconstruído por Florêncio, empreiteiro, e decidiu comprar as águas furtadas, um T2 duplex com vista para o rio.

Achou que tinha sido uma compra excecional, mas assim que chegou o inverno e as primeiras chuvas, o fantástico T2 de Susana mais parecia uma piscina olímpica. As paredes abriram rachas, o chão ficou levantado e havia manchas de humidade por todo o lado. Susana ficou desolada, porque achou que ao comprar uma casa totalmente remodelada, estava também a ver-se livre das dores de cabeça que dá comprar uma casa antiga. E agora, quem paga as despesas todas que Susana vai ter para compor o seu T2?

A primeira coisa que a Susana deve fazer – a seguir a comprar touca e fato-de-banho – é pedir uma vistoria técnica ao apartamento, para perceber a razão de ser de entrar água dentro de casa.

Se os técnicos concluírem que a falta de conformidade do imóvel é relativa a elementos construtivos estruturais, Susana tem direito a uma garantia de 10 anos da responsabilidade de Florêncio; se se concluir que não diz respeito a elementos construtivos estruturais, a garantia é de 5 anos.

Os elementos construtivos estruturais são "*as partes resistentes fundamentais da construção que suportam as ações a que a mesma está sujeita*", ou seja, que "*comprometem a estabilidade da construção e que, por vezes, não estão visíveis e/ou acessíveis*".

Depois de concluir qual o problema com a casa, Susana deve comunicar a Florêncio, através de carta registada com aviso de receção, os defeitos que apurou existirem. Susana pode optar por um dos vários direitos que a lei lhe confere: que os defeitos sejam reparados sem custos para si; que o objeto seja substituído; que haja uma redução proporcional do preço; ou que seja resolvido o contrato. Mas não pode escolher exercer uma destas opções se isso se demonstrar impossível ou constituir abuso de direito. Por exemplo, se se concluir que, para resolver o problema, basta fazer uma pequena obra nas cantarias, de rápida execução e custo reduzido, pode considerar-se abuso de direito pedir a resolução do contrato de compra e venda.

Depois de comunicar a Florêncio a desconformidade do imóvel, Susana tem três anos para exercer os direitos que a lei lhe confere. Se não o fizer, esses direitos caducam e Susana já não os poderá fazer valer.

Isto significa que, se Florêncio não reparar, voluntariamente, os defeitos comunicados por Susana, Susana terá, no prazo de três anos, de exigir essa reparação judicialmente. Se não o fizer, terá de ser ela a custear as obras que tenha de fazer.

Os prazos de garantia dos imóveis de que falámos aplicam-se a contratos celebrados após 1 de Janeiro de 2022, data em que entrou em vigor o novo Decreto-Lei que regulamenta a matéria, resultante da transposição de Diretivas da União Europeia.

Se o apartamento tiver sido comprado antes de 1 de Janeiro de 2022, o prazo de garantia é de 5 anos, e o prazo para denunciar os defeitos é de 1 ano a contar da data em que eles tenham sido detetados. O prazo de caducidade do direito de ação é na mesma o de 3 anos.

27.
Para que serve um contrato-promessa?

A Ângela, que andava à procura de casa há meses, encontrou, finalmente, a casa dos seus sonhos e está pronta para a comprar. Ou melhor, quase pronta: infelizmente, não tem dinheiro para a comprar de imediato e tem de pedir um crédito ao banco. A mãe da Ângela aconselhou-a a propor ao vendedor celebrar um contrato-promessa, tendo explicado à Ângela que, assim, ficava com a segurança de que o vendedor não a trocava por outro comprador. É mesmo assim?

Como todos sabem, a compra e venda de uma casa exige a celebração de uma escritura pública (ou, em alternativa, de um documento particular autenticado) em que estão presentes ou representados comprador e vendedor.

Só que muitas vezes, antes da escritura pública, é celebrado um outro contrato: o contrato-promessa. Mas para quê?

O contrato-promessa é o documento que vai regular os direitos e os deveres do comprador e do vendedor até à realização da escritura e vai estabelecer os termos e as condições para a concretização do negócio.

O contrato-promessa vai, no fundo, criar para as partes uma obrigação de contratar: o vendedor promete ao comprador vender-lhe o seu imóvel, e o comprador promete que o vai comprar. Não se compra nem se vende uma casa através de um contrato-promessa, mas assume-se o compromisso do negócio perante o outro, prevendo-se consequências para uma eventual desistência ou incumprimento.

Normalmente, o contrato-promessa prevê que, com a respetiva assinatura, o comprador pague uma parte do preço (o sinal) ao vendedor. Depois, no dia da escritura, o comprador pagará o remanescente.

Se o comprador falhar o negócio, o vendedor tem direito a ficar com o sinal. Se o incumprimento for do vendedor, o comprador tem direito a exigir daquele o sinal em dobro.

A menos que seja acordada coisa diferente, no caso de perda do sinal ou do seu pagamento em dobro, não há lugar, com fundamento no não cumprimento do contrato-promessa, a qualquer outra indemnização. Ou seja, a parte que não foi faltosa será integralmente "compensada", seja por ficar com o sinal que recebeu apesar de o negócio não se fazer, seja com o recebimento do sinal em dobro.

O contrato-promessa é especialmente relevante, por exemplo, quando o comprador não tem, no imediato, condições financeiras para fazer o negócio, mas não o quer perder. Assim, o comprador assegura a promessa do vendedor de que o imóvel será seu, prevendo-se um prazo para o negócio se realizar. Nestes casos, será essencial prever, para proteger o promitente comprador, que caso o financiamento bancário que vai pedir não seja aprovado, o contrato se considera resolvido, e que o vendedor lhe devolve o sinal. Se esta previsão não for incluída, o promitente comprador corre o risco, além de não poder fazer o negócio porque o banco não lhe concedeu o empréstimo, de perder o sinal por incumprimento da sua parte!

Também é conveniente assinar um contrato-promessa quando o imóvel que se vai comprar ainda não acabou de ser construído ou ainda não tem licença de utilização – e por isso ainda não pode ser comprado/vendido.

É geralmente previsto nos contratos-promessa que, em alternativa a ficar com o sinal ou exigir o sinal em dobro, a parte não faltosa tem direito à "execução específica". E o que significa o direito das partes à "execução específica" do contrato?

Isto significa que a parte que foi surpreendida com o incumprimento da outra parte pode, com base no contrato-promessa e invocando o incumprimento, pedir ao tribunal uma sentença que "substitua" o cumprimento do negócio. Na prática, a sentença vai substituir o negócio prometido e "faz as vezes" do negócio definitivo.

TRIBUNAIS, ESTADO E INSTITUIÇÕES

28. Sou testemunha, posso faltar?

O Paulo recebeu em casa uma notificação para estar presente numa audiência de julgamento na qualidade de testemunha, mas não lhe apetece nada ter de estar a ir a tribunal perder tempo. Será que pode simplesmente não aparecer?

A resposta é: não. As testemunhas só podem faltar à sessão de julgamento para que foram convocadas se apresentarem uma justificação para essa falta (um problema de saúde, uma obrigação profissional inadiável, um compromisso familiar de relevo...). Se esse impedimento for previsível, a testemunha deve avisar o tribunal até 5 dias antes do dia do julgamento; se for imprevisível, deve juntar um comprovativo até dois dias depois dessa data.

De resto, o Paulo tem mesmo de ir a tribunal testemunhar o que sabe.

Ali chegado, já na sala de audiências, Paulo não pode, em princípio, recusar-se a prestar depoimento, sob pena de cometer um crime de desobediência.

Mas há situações em que essa recusa pode ser válida, sendo certo que, mesmo nessas situações, Paulo terá sempre de comparecer e dizer ao juiz que se recusa a prestar depoimento. Esta recusa tem regras, e pode acontecer apenas caso o Paulo seja pai, irmão, filho, marido ou viva em união de facto com o Arguido/a ou Ré/u no processo. O Juiz irá adverti-lo antes do início do seu depoimento de que pode recusar-se a depor precisamente pela relação que tem com o Arguido/Réu. Nesses casos, pode recusar-se a depor e ir à sua vida. Mas, caso declare que, mesmo podendo recusar-se, pretende testemunhar, é obrigado a responder a todas as perguntas, e é também obrigado a responder com verdade. Em Portugal, as testemunhas não fazem juramento sobre a Bíblia, mas têm de jurar pela sua honra que irão responder a todas as perguntas com verdade.

Se for apanhado em alguma mentira, o Paulo pode estar metido em maus lençóis, porque prestar falsas declarações na qualidade de testemunha é crime, e, no caso de depoimento prestado em julgamento – ou seja, depois de advertido de que incorre em crime se mentir e de quais são as consequências de tal facto -, a pena é de prisão até 5 anos ou multa até 600 dias.

Depois, já durante o seu depoimento, pode recusar-se a responder a perguntas específicas, se considerar que as suas respostas o poderiam autoincriminar num qualquer crime. Também pode não responder sobre determinados factos se tiver obrigação de segredo profissional (por exemplo, se for padre, médico, advogado ou jornalista).

Se Paulo se 'baldar' e não aparecer em julgamento nem justificar a falta, é condenado a pagar uma multa e é novamente notificado para comparecer em tribunal. Caso continue sem aparecer, pode ir aquecendo os pulsos, porque pode ser detido para ser presente a juízo e prestar declarações na qualidade de testemunha sob custódia.

29.
Quero processar alguém, mas não tenho dinheiro para um advogado. O que posso fazer?

A Ana quer intentar uma ação contra o vizinho que, na sequência de uma assembleia de condóminos conflituosa, está constantemente a ameaçá-la e a injuriá-la, mas não tem possibilidades para pagar a um advogado. Como é que pode fazer?

O acesso à justiça é garantido a todos e, portanto, mesmo que não tenha dinheiro para pagar a um advogado, a Ana não fica impossibilitada de recorrer aos tribunais.

A nossa Constituição prevê que a todos é assegurado o acesso ao direito e aos tribunais para defesa dos seus direitos e interesses legalmente protegidos e que a justiça não pode ser denegada por insuficiência de meios económicos.

Assim, quem esteja numa situação de insuficiência económica pode pedir o que se chama de "apoio judiciário", que tem várias modalidades: pode ser atribuído um advogado à pessoa sem ter de pagar os seus honorários, a pessoa pode ser dispensada de pagar taxas de justiça e despesas do processo, pode ser autorizada a pagá-las em prestações...

Mas a quem é que a Ana pode fazer o seu pedido de apoio judiciário? O pedido de apoio judiciário é feito à Segurança Social, que tem 30 dias para se pronunciar. Se não responder, considera-se que o pedido foi tacitamente aceite e é isso que a Ana deve comunicar ao Tribunal.

Ao pedido que a Ana vai fazer, terá de juntar diversos documentos para comprovar a sua situação económica – como a última declaração de IRS e comprovativo de liquidação, recibos de vencimento, comprovativos de subsídios ou pensões que receba, registos de propriedade de automóveis que tenha, registo de imóveis de que seja proprietária.

Com base nestes elementos, a Segurança Social vai avaliar as condições económicas da Ana e avaliar se a mesma tem a comprovada insuficiência económica que lhe permita ter acesso ao apoio judiciário. Na prática, a aplicação dos critérios de avaliação é muitas vezes injusta, impedindo quem precisa de ter acesso ao apoio judiciário.

E, sendo-lhe concedido o apoio, a Ana pode escolher o advogado que quer e pedir que o Estado pague os seus honorários?

Não! A Ana pode pedir que lhe seja atribuído um advogado, mas não pode escolher qual. Os advogados inscritos na "lista" do apoio judiciário designam-se por "advogados oficiosos" e os seus honorários são pagos pelo Estado.

E se a Ana considerar que o advogado que lhe foi atribuído não está a ser competente, pode pedir a sua substituição?

Sim! O beneficiário do apoio judiciário pode, em qualquer momento, requerer à Ordem dos Advogados a substituição do advogado que lhe foi nomeado, fundamentando o seu pedido.

E o advogado que foi nomeado à Ana, pode pedir para não continuar no processo pela forma como a Ana o vem tratando?

Sim, o advogado também pode pedir à Ordem dos Advogados aquilo que se chama de "dispensa de patrocínio", sendo confidencial o motivo do pedido de dispensa, que não é conhecido nem do processo, nem sequer do beneficiário.

30.
Quero processar o meu vizinho, mas a justiça é demasiado lenta. Tenho alternativas?

O Samuel entrou em conflito com o seu vizinho Ricardo. Quer processá-lo, mas toda a gente lhe diz que nem vale a pena, porque primeiro que algum tribunal se pronuncie, se calhar já ele mudou de casa e de vizinhança. Pode ser verdade que a Justiça em Portugal não prime pela celeridade. Não é incomum que um processo sem grande complexidade demore uma média de 3 a 5 anos a ter uma decisão final. Por vezes, demora até mais do que isso. Às vezes as pessoas não querem ou não podem esperar tanto tempo, e acham até que, sendo assim tão demorado, mais vale não fazer nada.

Mas, como se diz, a Justiça tarda, mas não falha, e em princípio não precisamos de esperar que se faça a chamada "justiça divina".

Precisamente por se reconhecer que este problema existe e que os tribunais tradicionais não conseguem "dar vazão" à quantidade de assuntos pendentes, foram criadas formas de resoluções alternativas de litígios, ou seja, maneiras de resolvermos os nossos problemas sem recorrer aos tribunais ditos 'normais'.

Por isso, sim, posso processar o meu vizinho e fazer valer os meus direitos sem ter de dar início a uma ação num tribunal tradicional. Tipicamente, as formas de resolução alternativa de litígios são os julgados de paz, a arbitragem e a mediação.

Os Julgados de Paz têm competência para decidir ações de natureza civil, ou seja, não podem decidir questões de direito administrativo (por exemplo, uma ação contra o Estado não pode ser decidida pelos Julgados de Paz) ou direito penal (mas podem decidir atribuição de indemnizações por factos que sejam crime, caso não tenha sido apresentada queixa).

Também não têm competência para decidir sobre matérias de direito da família, direito das sucessões ou direito do trabalho. Além disso, o limite da sua competência em termos do valor económico da ação é de € 15.000,00. Isto significa que se o Samuel quiser pedir uma indemnização ao Ricardo de € 20.000,00, não pode recorrer aos Julgados de Paz.

Mas, dentro da sua competência, os Julgados de Paz têm a vantagem de ser muito céleres e muito baratos.

Se eu quero processar alguém dentro destes limites, tenho de apresentar o meu pedido inicial, indicar testemunhas, juntar documentos e pagar uma taxa de apenas € 35,00. A pessoa que eu processei vai ser notificada, e terá de responder, convocando a prova que entender pertinente, pagando igualmente uma taxa de € 35,00. Depois, é marcado o julgamento para audição das testemunhas, que começa sempre com uma tentativa de conciliação por parte do Juiz de Paz. Não querendo as partes conciliar-se, são ouvidas as testemunhas e produzida a restante prova, e depois é proferida uma decisão pelo Julgado de Paz, decisão essa que terá a mesma força de uma decisão de um tribunal judicial. Esta decisão é suscetível de recurso para um tribunal superior.

Pode ser Juiz de Paz qualquer cidadão de nacionalidade portuguesa com mais de 30 anos, licenciatura em Direito, no pleno gozo dos direitos civis e políticos, que nunca tenha sido condenado por qualquer crime doloso. O Juiz de Paz não pode exercer a prática de qualquer outra atividade pública ou privada.

Os inconvenientes do Julgado de Paz são, por um lado, a sua competência limitada, e, por outro, o facto de não haver Julgados de Paz em todos os cantos do país (há atualmente 25 Julgados de Paz, que abrangem 61 concelhos).

O Samuel pode também optar por recorrer à arbitragem.

Não tem nada a ver com painéis de comentadores que se pegam à chapada depois de alguma polémica futebolística. A arbitragem é outro meio de resolução de litígios, em que a decisão vai ser tomada por um tribunal arbitral, composto por um só árbitro, ou por um conjunto de três árbitros.

A arbitragem tem a vantagem de ser mais célere do que uma ação judicial 'normal', "sendo certo que não será tão célere quanto os julgados de paz", e pela sua flexibilidade processual.

Na arbitragem, vai haver um pedido inicial, uma resposta a esse pedido, vai haver produção de prova, ou seja, junção de documentos, depoimentos de testemunhas, relatórios de peritos, e depois, no final desse julgamento arbitral, será proferida uma decisão.

A maior desvantagem da arbitragem em relação à mediação ou julgados de paz é o facto de ser substancialmente mais cara, por isso, a não ser que o vizinho de Samuel seja o Cristiano Ronaldo, talvez não faça sentido que ele recorra a uma ação arbitral.

A decisão que vier a ser proferida pelo tribunal arbitral tem a mesma força que uma decisão proferida por um tribunal judicial.

É um meio muito usado por empresas, especialmente quando estão em causa litígios que envolvem partes de vários países diferentes, e, quando estão em causa quantias de dinheiro muito avultadas, acaba por compensar bastante em termos monetários, uma vez que, nos tribunais judiciais, as taxas de justiça a pagar dependerão sempre do chamado 'valor da ação', que se mede muitas vezes pelo valor económico em causa.

Por regra, as partes renunciam ao direito a recorrer da decisão arbitral, o que significa que, não havendo lugar a recursos, a decisão tomada pelo tribunal arbitral é a decisão final. Isto implica uma celeridade muito maior, além de que se poupa em taxas de recurso e honorários de advogados com a discussão do problema nos tribunais superiores.

Por fim, o Samuel, se estiver numa onda menos bélica e mais *peace and love*, pode sempre tentar a mediação.

Através da mediação, as partes que estejam em litígio – neste caso, Samuel e Ricardo – reúnem-se com um mediador de conflitos. Há alguns sistemas públicos de mediação, e há também mediadores privados que devem estar inscritos numa lista de mediadores organizada pelo Ministério da Justiça.

Antes de optarem por um mediador, se for privado, convém confirmar que ele se encontra inscrito na lista do Ministério da Justiça. Isto porque só os acordos que resultem de mediações em sistemas públicos ou em sistemas privados constantes da lista têm força executória (desde que não haja obrigatoriedade de homologação pelo tribunal ou pelo conservador do registo civil, como acontece por exemplo com quase todos os assuntos em matéria familiar). Mas mesmo que estejamos perante um caso que tenha depois de ser aprovado por tribunal, o papel do mediador pode ser essencial em ajudar a construir o acordo que as partes vão submeter a tribunal, que depois só terá de o aprovar.

Mesmo nas mediações que não precisem de qualquer intervenção judicial, não é o mediador que vai tomar uma decisão. O mediador servirá para tentar que as partes, que estão de costas viradas e em conflito, encontrem pontos comuns de cedência que levem a um acordo que agrade, mesmo que apenas parcialmente, a ambos.

A opção pela utilização dos sistemas de mediação públicos pode ter um custo de € 50,00, sendo que no caso da mediação penal esse serviço é gratuito.

Em qualquer caso, a mediação deve ser concluída num prazo máximo de 3 meses.

Os acordos podem ter as mais variadas estipulações consoante a vontade das partes, mas é preciso ter em atenção que, no caso da mediação penal, não podem ser feitos acordos que, por exemplo, determinem o cumprimento de uma pena de prisão por uma das partes.

A mediação tem a vantagem de ser uma forma de resolução de conflitos barata e rápida, além de que poupa as partes a "lavarem roupa suja" à frente de outras pessoas, já que não é preciso terem testemunhas para suportar a sua posição, o que diminui bastante a intensidade da carga emocional que os processos litigiosos por vezes têm.

Além disso, a mediação é confidencial, e, por isso, se não chegarem a acordo, o Samuel e o Ricardo não podem chamar o mediador a juízo para testemunhar o que ali se disse, sendo que também as próprias partes devem manter sigilo relativamente ao conteúdo das sessões de mediação. Só assim se permite que as pessoas sejam o mais honestas e transparentes possíveis, o que é essencial para que o mediador possa ajudá-las a definir um bom acordo para ambas.

A desvantagem da mediação é que o acordo a que se chega não tem força de sentença (a não ser que seja daqueles casos que requer aprovação posterior por um juiz), mas apenas a mesma força de um contrato 'normal'.

31. Para que serve o Tribunal Europeu dos Direitos Humanos?

O Tribunal Europeu dos Direitos Humanos é um Tribunal Internacional com sede em Estrasburgo e foi criado em 1959. O objetivo deste Tribunal é assegurar o cumprimento da Convenção Europeia dos Direitos Humanos, uma convenção a que aderiram, na data em que escrevemos este livro, mais de 40 países, e que consagra vários direitos fundamentais como o direito à vida, o direito a um julgamento justo, o direito à privacidade, a liberdade de expressão, de pensamento, consciência e religiosa ou o direito à proteção da propriedade privada.

Qualquer pessoa pode recorrer ao Tribunal Europeu dos Direitos Humanos (TEDH) se considerar que um daqueles seus direitos previstos na Convenção está a ser violado. Não pode, contudo, recorrer-se imediatamente ao Tribunal em Estrasburgo: primeiro, é preciso esgotar todas as vias nacionais e só depois disso nos podemos queixar ao TEDH.

O TEDH não é propriamente um tribunal de recurso, na medida em que não vai revogar a decisão do tribunal do Estado nacional. Aquilo que o TEDH vai fazer se considerar que foi violado algum dos direitos previstos na CEDH com determinada decisão judicial é condenar o Estado onde essa decisão foi proferida (independentemente de quem foi a parte no processo), podendo indemnizar o cidadão queixoso. Há situações em que a decisão do TEDH pode ser fundamento de revisão de uma determinada sentença, podendo, assim, ter uma influência direta no processo que correu termos no Estado condenado.

Portugal já foi diversas vezes condenado pelo TEDH pela violação de diversos artigos da Convenção.

Em 2021, entraram no Tribunal Europeu dos Direitos do Humanos 270 queixas contra o Estado Português e, no início de 2022, estavam pendentes mais de 290 processos relativos a Portugal.

Apesar de grande parte das condenações do Estado Português no TEDH ter sido relacionada com a duração dos processos, isto é, com a sua morosidade

– situações que o TEDH atualmente já não aprecia – a verdade é que também há muitas e interessantes condenações que se prendem com a violação, pelo nosso país, do direito à liberdade de expressão.

A primeira vez que Portugal foi condenado por violação da liberdade de expressão no TEDH aconteceu no ano de 2000: Vicente Jorge Silva, então diretor do Jornal Público, tinha escrito um editorial, em 1993, em que se pronunciava sobre a escolha como candidato do CDS-PP à Câmara de Lisboa de Silva Resende, ex-presidente da Federação Portuguesa de Futebol. No editorial, Vicente Jorge Silva escrevia: "*Manuel Monteiro não foi capaz de ultrapassar a mais grosseira das caricaturas (...) e a prova aí está na impensável escolha da direcção do CDS para encabeçar a lista do partido à presidência da câmara de Lisboa*". "*Nem nas arcas mais arqueológicas e bafientas do salazarismo seria possível desencantar um candidato ideologicamente mais grotesco e boçal, uma mistura tão inacreditável de reaccionarismo alarve, sacristanismo fascista e anti-semitismo ordinário*". O candidato não gostou das palavras do diretor do jornal e apresentou uma queixa-crime contra ele. O Tribunal de 1.ª instância absolveu Vicente Jorge Silva do crime de difamação, por considerar que as expressões em causa deviam ser interpretadas "*como uma crítica ao pensamento político e não à reputação ou ao comportamento*". Mas o Tribunal da Relação, para onde Silva Resende recorreu, viu as coisas de outra maneira. Para os juízes do Tribunal da Relação que apreciaram o caso, expressões do tipo "grotesco", "boçal" ou "grosseiro" constituíam "*insultos que ultrapassavam os limites da liberdade de expressão*" e, por isso, condenaram Vicente Jorge Silva, que não se conformou, e foi queixar-se ao TEDH. O Tribunal em Estrasburgo, numa decisão que abriu um precedente histórico no entendimento no nosso país do que é a liberdade de expressão, apreciou o caso e explicou que, em questões de interesse geral, "*as restrições à liberdade de expressão impõem uma interpretação mais restrita*", uma vez que a liberdade de expressão é "*um dos fundamentos essenciais das sociedades democráticas*". Este Tribunal lembrou que a liberdade de expressão não servia apenas para as informações ou ideias acolhidas favoravelmente ou consideradas inofensivas ou indiferentes, mas também para as que feriam, chocavam ou causavam inquietação.

O Tribunal reconheceu que "*os escritos de Vicente Jorge Silva e em particular as expressões utilizadas podem passar por polémicos. Apesar disso, estes não contêm um ataque pessoal gratuito, porque o autor dá neles uma explicação objetiva*".

O TEDH concluiu referindo que a liberdade do jornalista compreende também o recurso possível a uma certa dose de exagero ou mesmo de provocação e, assim, declarou que Portugal tinha violado o artigo 10.º da Convenção

Europeia dos Direitos Humanos, e condenou o Estado a pagar ao diretor do Público as despesas judiciais e a indemnização que este suportara no processo que correu em Portugal.

32. Arrumei o carro num centro comercial e partiram-me o vidro. E agora?

A Joana foi aproveitar os saldos ao seu centro comercial preferido e decidiu levar o carro, na esperança de vir carregada de sacos de compras. Arrumou o carro no parque de estacionamento do centro comercial e esteve três horas nas compras. Quando chegou ao carro, tinha o vidro partido, e tinham-lhe roubado uns auscultadores sem fios e um *tablet* que tinha no porta-luvas.

A Joana quis responsabilizar a empresa proprietária do parque por aquele roubo, mas disseram-lhe que não são responsáveis, o que ela tinha o dever de saber, já que por todo o lado no parque havia cartazes a dizer "não nos responsabilizamos por danos ou furtos nas viaturas".

Será que é mesmo assim?

Está em causa saber que tipo de contrato é que a Joana celebrou quando tirou o bilhete para entrar no parque de estacionamento, porque é isso que vai determinar quais os seus direitos e quais os deveres da empresa proprietária do parque.

Não costumamos pensar nisso quando entramos num estacionamento, mas com o simples gesto de retirar o bilhete e descer a rampa de acesso ao parque estamos a celebrar um contrato com a empresa que gere o estacionamento.

Atualmente, é relativamente pacífico que este contrato é um contrato de depósito. Um contrato de depósito significa, neste caso, que eu entrego o meu carro a uma entidade, contra o pagamento de um determinado preço, e ela fica responsável por guardar o meu carro até ao meu regresso, altura em que tem de mo devolver. Ou seja, a empresa titular do parque pode mesmo ser responsabilizada pelo prejuízo que a Joana teve ao ficar sem *tablet*, sem auscultadores e com um vidro partido. Isto é assim porque o parque em causa é pago. Se fosse um parque gratuito, não haveria responsabilidade de depósito.

As alusões a que "não somos responsáveis por nada" não servem para coisa nenhuma – são apenas gasto de tinta e papel. De facto, nenhuma empresa ou pessoa pode excluir a sua responsabilidade de forma unilateral. Eu não posso, por exemplo, colar papéis no meu carro a dizer que não me responsabilizo por nenhuns danos que a minha condução possa provocar. Neste caso, a empresa de estacionamento não pode excluir unilateralmente uma responsabilidade que é sua por força de um contrato celebrado com outra pessoa – o contrato de depósito. A esta disposição chama-se uma "cláusula contratual geral", ou seja, uma cláusula contratual pré-definida e que não permite à outra parte contratante discutir o conteúdo do contrato. Este tipo de cláusula, que exclui a responsabilidade unilateralmente, é nula, ou seja, tem-se por não escrita, quase como se não existisse.

A Joana pode, por isso, acionar o seu seguro e ser ressarcida dos danos que tenha tido, e depois a seguradora poderá pedir o reembolso à empresa dona do parque, ou pode a Joana diretamente processar a empresa dona do parque se, mesmo depois de instada a reembolsar os prejuízos que teve, não o fizer.

Como se decidiu em sentença de Julgado de Paz[3], a propósito de condutor que chegou ao carro estacionado em parque de estacionamento e o viu danificado com sinais de embate, "*no contrato de depósito o depositário obriga-se a guardar a coisa entregue pelo depositante, no sentido de providenciar acerca da sua conservação material, isto é, mantê-la no estado em que foi recebida, defendendo-a dos perigos de subtracção, destruição ou dano*". E, assim, a empresa detentora do parque foi condenada a pagar o arranjo ao utilizador do parque.

[3] Sentença de Julgado de Paz de Lisboa, Proc. 30/2009-JP, disponível in www.dgsi.pt

VIDA NA ESTRADA

33.
Fui multado, e agora?

Imaginemos que o Filipe, já farto de procurar lugar para estacionar no meio da Madragoa, decidiu estacionar o carro da Mãe em cima da passadeira. Umas horas depois voltou ao carro, e achou que se tinha safado de boa, porque não tinha qualquer multa no para-brisas.

Uns meses mais tarde, a Mãe do Filipe recebe em casa uma carta de amor da EMEL, dizendo que devia considerar-se arguida em processo de contraordenação, por ter praticado, em tal dia e hora, uma contraordenação grave, punível com coima entre os € 60,00 e os € 300,00, e que tinha 15 dias úteis para apresentar a sua defesa, ou pagar a coima pelo mínimo.

A Mãe do Filipe ficou ultrajada por ser arguida por um ato que não cometeu, e ordenou ao Filipe que tratasse do assunto imediatamente.

O Filipe foi falar com um amigo advogado, que lhe explicou que contraordenações rodoviárias podem ser da responsabilidade do condutor ou do proprietário. Por exemplo, ter seguro é da responsabilidade do proprietário. Mas andar em excesso de velocidade é da responsabilidade do condutor. No caso do Filipe, apesar de o carro ser da Mãe, a responsabilidade por estacionar em cima da passadeira é dele, porque as contraordenações de estacionamento são da responsabilidade do condutor.

Como não foi possível levantar o auto contra o Filipe, que não estava no carro quando passou um funcionário da EMEL, o auto é levantado contra o proprietário, que se presume ser o condutor. E como não foi a Mãe do Filipe que estacionou na passadeira, ela vai ter de identificar o condutor, fornecendo todos os dados exigidos para o efeito no prazo máximo de 15 dias úteis: nome, domicílio fiscal, número de cartão de cidadão, número de carta de condução e serviço emissor, e número de identificação fiscal.

Depois, o processo contra a Mãe do Filipe vai suspender-se, e vai levantar-se um novo processo contra o Filipe, que vai então receber, também ele, uma carta em casa, a dizer que em tal dia, a tal hora, praticou uma contraordenação grave e tem 15 dias para apresentar defesa ou para pagar a coima pelo mínimo.

Se o Filipe tiver uma excelente desculpa para ter deixado o carro em cima da passadeira, pode e deve apresentar a sua defesa para evitar ser condenado, até porque, estando em causa uma contraordenação grave, está também em causa a aplicação de uma sanção acessória. Neste caso, o Filipe pode ficar entre 1 mês a 1 ano sem conduzir, podendo ainda perder pontos na carta. A defesa pode mesmo ser apenas para pedir que a sanção acessória seja suspensa, isto é, não seja aplicada. Para que isso seja possível, o Filipe tem de pagar a coima pelo mínimo (€ 60,00, neste caso) e não ter sido condenado por crime ou contraordenação grave ou muito grave nos 5 anos anteriores. Estando reunidos estes pressupostos, a autoridade irá com toda a probabilidade suspender a sanção acessória ao Filipe.

Depois de apresentar defesa, a autoridade irá proferir uma decisão, que vai ser notificada ao Filipe. Ele será condenado a pagar as custas do processo (atualmente, o valor é de € 52,50) e, caso não tenha pago a coima pelo mínimo, vai ser condenado a pagá-la com um agravamento (já não será o valor mínimo). O normal é que a autoridade condene ao pagamento do mínimo acrescido de metade, ou seja, neste caso, € 90,00.

Se o Filipe apresentar defesa e mesmo assim for condenado, pode impugnar a decisão, que será apreciada por um tribunal.

34.
A polícia pode revistar-me o carro numa operação STOP?

Quem nunca sentiu o coração acelerado ao passar por uma operação STOP, rezando para que o seu carro não fosse um dos escolhidos? E quem nunca teve mesmo de parar e ouvir a célebre frase "os seus documentos e os da viatura, por favor"?

Já todos (ou quase todos) passámos por isso. Mas e se, além de observar a nossa triste fotografia na carta de condução, a polícia nos quiser revistar o carro e vasculhar o nosso porta-bagagens desarrumado? Pode fazê-lo?

Em princípio, não!

Uma revista implica uma ordem ou autorização de um tribunal nesse sentido. Na verdade, e sempre que possível, a revista deve até ser presidida por uma autoridade judiciária (um juiz, juiz de instrução ou um magistrado do Ministério Público).

Se não há uma ordem ou autorização judicial para a revista, a polícia não pode revistar o porta-bagagens, o porta-luvas ou o que quer que seja do interior do carro.

Para que o tribunal ordene uma revista é preciso que haja indícios de que alguém oculta na sua pessoa quaisquer animais, coisas ou objetos relacionados com um crime ou que possam servir de prova de um crime.

Há, no entanto, situações excecionais em que a polícia pode fazer uma revista sem ter autorização do tribunal. Quando estiverem em causa situações de terrorismo, criminalidade violenta ou altamente organizada e haja fundados indícios da prática iminente de crime que ponha em grave risco a vida ou a integridade de qualquer pessoa, a polícia pode, sem autorização, fazer a revista.

Também se os próprios visados consentirem na revista, a polícia pode fazê-la, sem autorização judicial. Isto é, se eu disser ao Senhor Agente que tenho todo o gosto em que visite o meu porta-bagagens, e desde que o meu consentimento fique a constar do auto da revista, o polícia tem luz verde para vasculhar o que quiser.

Também pode ser feita uma revista em caso de detenção em flagrante delito por crime a que corresponda uma pena de prisão.

Mas a lei prevê, ainda, dois outros casos em que a polícia pode efetuar revistas sem ter obtido prévia autorização judicial: a suspeitos em caso de fuga iminente ou de detenção, sempre que tiverem fundada razão para crer que neles se ocultam objetos relacionados com o crime, suscetíveis de servirem a prova e que de outra forma poderiam perder-se, e quando se trate de pessoas que tenham de participar ou pretendam assistir a qualquer ato processual (quando alguém entra num tribunal, deve ser revistado) ou que, na qualidade de suspeitos, devam ser conduzidos a posto policial, sempre que houver razões para crer que ocultam armas ou outros objetos com os quais possam praticar atos de violência.

Aquilo que justifica que, nestes casos, possa ser feita uma revista pela polícia sem haver autorização do juiz, é a urgência da medida e alguma preocupação com a salvaguarda de eficácia da investigação.

Mas atenção: as revistas feitas sem autorização prévia judicial implicam sempre que, depois de realizadas, a polícia dê conhecimento à autoridade judiciária competente, para que tais diligências sejam validadas. Na verdade, as apreensões efetuadas por órgão de polícia criminal são sujeitas a validação pela autoridade judiciária, o que deve acontecer no prazo máximo de setenta e duas horas.

Quando realizadas, as revistas têm de obedecer a certas formalidades. Assim, e desde logo, antes de se proceder à revista é entregue ao visado cópia do despacho que a determinou, no qual se faz menção de que aquele pode indicar, para presenciar a diligência, pessoa da sua confiança e que se apresente sem delonga. Por outro lado, a lei prevê expressamente que a revista deve respeitar a dignidade pessoal e, na medida do possível, o pudor do visado.

As revistas têm a ver com as pessoas, no sentido em que são feitas quando se suspeita que alguém oculta na sua pessoa coisas, animais ou objetos relacionados com um crime ou que possam servir de prova. Já as buscas fazem-se quando se suspeita que aquelas coisas, animais ou objetos, ou mesmo alguém que deva ser detido, está escondido em lugar reservado ou não acessível ao público.

Ouvimos muitas vezes falar em "buscas domiciliárias", ou seja, buscas em casa das pessoas, mas pouca gente sabe que este tipo de buscas, em princípio, não pode ocorrer de noite: só podem ser realizadas entre as sete da manhã e as nove da noite.

Só são permitidas buscas em casa de alguém pela noite dentro, se estivermos perante situação de terrorismo ou criminalidade especialmente violenta ou altamente organizada, se houver consentimento do visado, documentado por qualquer forma, ou se existir flagrante delito pela prática de crime punível com pena de prisão superior, no seu máximo, a 3 anos.

Fora destes casos, só podemos ser surpreendidos por uma busca em casa, pela fresquinha, a partir das 07h00.

35.
É proibido guiar com o telemóvel na mão para ver o GPS?

Uma das contraordenações em que os portugueses são mais apanhados é a usar o telemóvel enquanto conduzem. Às vezes parece que aquele e-mail não pode esperar, ou 'vou só ver mais este *tik tok*', ou 'nunca mais fica verde, deixa-me fazer uma *selfie*'...

Não é proibido falar ao telefone enquanto se conduz: se a pessoa tiver um sistema de mãos-livres ou um auricular – que só pode usar num dos ouvidos –, não há problema, pode aproveitar o trânsito para fazer aquela chamada que já andava a adiar.

Mas não é permitido falar ao telemóvel sem algum destes dois sistemas. Se eu estiver com o telemóvel na mão a falar com a minha amiga em alta-voz, estou a cometer na mesma a contraordenação. Isto porque o facto de estar em alta-voz não apaga o facto de eu estar a agarrar no telemóvel com a mão, ou seja, de o estar a manusear de forma reiterada.

Há quem pense que só é proibido falar ao telemóvel, mas também é proibido enviar mensagens, e-mails, ver *stories* de *instagram*, consultar o horóscopo no google ou pesquisar doenças relacionadas com um sintoma que se esteja a sentir. Mesmo a utilização de GPS no telemóvel pode implicar a prática de uma contraordenação. Se eu puser no GPS o meu destino enquanto ainda estiver estacionada, e depois tiver o telemóvel pousado ou pendurado, mas sem o agarrar, não há qualquer problema. Aquilo que eu não posso é mudar a morada a meio do meu trajeto ou agarrar no telemóvel para ver melhor se é mesmo na primeira à direita ou se é só na a seguir.

Se eu estiver, de forma continuada, a agarrar no telemóvel para ver o caminho, posso ser autuado pela polícia, e a coima vai dos € 250,00 aos € 1.250,00, e ainda posso perder pontos na carta e ficar uns meses sem guiar.

Mas não são só os telemóveis que são proibidos de usar quando conduzimos: são todos os aparelhos suscetíveis de prejudicar a condução. Ou seja, também não vou poder estar com o *tablet* ligado a ver a minha série preferida da *netflix* em plena hora de ponta.

CRIMINALIDADE

36.
Posso contratar um detetive privado para seguir o meu marido?

A Isaura sente que o marido está cada vez mais frio e distante, e começou a reparar que está sempre agarrado ao telemóvel, coisa que dantes não fazia.

Começou a desconfiar que talvez estivesse a ser traída, mas não conseguiu confirmar por ela, até porque não sabe o código do telefone do marido.

Foi ver à *net* o que poderia fazer, e viu um anúncio a uma equipa de detetives privados: "Somos discretos. Investigamos o que quiser".

Isaura ligou para o número que aparecia na página, e do outro lado do telefone ouviu uma voz masculina, falando em tom grave, com quem combinou encontrar-se no dia seguinte.

Esperava encontrar um homem de gabardine, cachimbo e óculos escuros, mas apareceu-lhe um senhor de t-shirt e jeans chamado Carlos, a quem explicou o que se passava. Carlos pediu um adiantamento de € 500,00, recolheu as informações necessárias sobre o marido de Isaura e ficou de dar notícias na semana seguinte. Isaura pediu-lhe que fizesse tudo o que estivesse ao seu alcance e, acima tudo, que recolhesse prova do que visse.

Na semana seguinte, Carlos apareceu com uma pasta com fotografias e informações para dar a Isaura. Tinha conseguido, naquela semana que passou, tirar uma série de fotografias ao marido de Isaura, seguindo-o do trabalho até um hotel no centro da cidade, onde ficava cerca de duas horas. Fotografou-o também à hora de almoço com uma mulher, e, sentando-se na mesa ao lado, consegui gravar a conversa que o marido de Isaura e a dita senhora tiveram nesse encontro.

Entregou todas as provas a Isaura que, chegada a casa, mostrou tudo ao marido, pôs-lhe as malas à porta e mandou-o ir à sua vida. O marido ficou chocado e disse que nunca esperou ser tão violentado na sua privacidade desta maneira.

Uns tempos depois, Isaura é notificada para comparecer nos serviços do Ministério Público, para ser interrogada na qualidade de Arguida, o que a deixou baralhada. Percebeu então que o marido tinha feito queixa.

A atividade de detetive ou investigador privado é relativamente comum em vários países, estando devidamente regulamentada. Não é o caso de Portugal, onde, apesar de haver quem se anuncie como detetive privado, não existe uma regulamentação da profissão. Na verdade, muitos dos atos tipicamente praticados por detetives privados – seguir pessoas, fotografá-las, gravar conversas – são ilegais. É certo que a polícia pode praticar estes atos, mas está legalmente mandatada para o efeito, ao contrário de um detetive privado. Claro que há também situações em que os detetives privados são incumbidos de ajudar as pessoas a descobrirem certas coisas que, sozinhas, não são capazes de o fazer. Por exemplo, uma pessoa adotada pode querer tentar descobrir quem são os seus pais biológicos e pedir ajuda a um detetive para o efeito. A questão estará sempre no tipo de atos que ele praticar para conseguir a informação que o seu cliente lhe pede.

Ao tirar fotografias e gravar conversas do marido de Isaura e da amante, Carlos cometeu um crime de devassa da vida privada, agravado pela circunstância de que o fez a troco de dinheiro, o que pode implicar para ele uma pena de prisão até 1 ano e 4 meses, ou pena de multa até 320 dias.

Mas Isaura também não está em bons lençóis. Na verdade, apesar de não ter sido ela a tirar as fotografias e a gravar as conversas, como foi ela quem deu as instruções a Carlos, pode também ser condenada como autora do crime de devassa da vida privada. No caso de Isaura, como não teve intenção de enriquecer à conta daquele crime, a pena que estaria em causa era de 1 ano de prisão ou 240 dias de multa.

37.
Posso andar com uma faca na rua?

O Cristiano tem a mania da perseguição, e desde que saiu de casa dos pais e foi viver para um bairro que não conhece tão bem, começou a andar com a faca do pão na mochila, não fosse o diabo tecê-las. Mas o Raul, irmão do

Cristiano, que está no primeiro ano do curso de Direito, avisou-o de que, além de estar a impedir que a família pudesse fatiar o pão de manhã, poderia estar a cometer um crime de detenção de arma proibida. É verdade?

Sim, o Raul tem razão! É verdade que, em regra, não é proibido ter uma faca de cozinha, já que, apesar de ser considerada arma branca, tem uma utilização doméstica definida. Por exemplo, se formos comprar um conjunto de facas de cozinha e as trouxermos para casa, não estamos a cometer nenhum crime, e se a polícia um dia tiver um mandado para nos fazer uma busca a casa, não nos vai apreender o conjunto de facas de cozinha de aço inoxidável.

Mas se andarmos com a faca do pão na mochila com o propósito de magoar alguém – mesmo que seja para nos defendermos de um eventual ataque –, podemos estar a cometer um crime de detenção de arma proibida.

É que a faca do pão que o Cristiano decidiu pôr na mochila tem um uso doméstico determinado: serve para cortar o pão e o seu ambiente normal de utilização é o interior da nossa casa e por isso se a faca está na mochila do Cristiano, fora de casa, e não havendo justificação para a sua posse, o Cristiano corre o risco de ser acusado de um crime que é punível com pena de prisão até 4 anos ou pena de multa até 480 dias.

A faca do pão na mochila do Cristiano será considerada uma arma da Classe A porque está a ser usada fora do seu contexto normal e o Cristiano não tem justificação para a sua posse – na verdade, é melhor não dizer à polícia que anda com a faca na mochila para se defender, porque isso ainda será mais grave, já que o Cristiano estará a assumir que pretende utilizar a faca, como arma, contra alguém.

Para que o Cristiano se pudesse pavonear com a sua faca do pão, essa faca teria de ser de coleção ou ter interesse histórico ou cinematográfico, e aí o Cristiano podia pedir uma autorização temporária ao Diretor Nacional da PSP, devendo justificar os motivos e a duração da utilização, e ainda apresentar um plano de segurança. Neste caso, não nos parece que o Cristiano conseguisse que o autorizassem a andar com a faca do pão na rua – e ainda bem!

E se o Cristiano trocasse a faca por um bastão? Também não é grande ideia. O Regime Jurídico das Armas e Munições pune a detenção de bastão com pena de prisão até 4 anos ou com pena de multa até 480 dias.

Ao contrário do que acontece com outros objetos que podem ser considerados arma branca, a lei, ao punir a detenção do bastão, fá-lo independentemente do uso que lhe seja dado pelo seu possuidor, porque parte do pressuposto de que foi criado exclusivamente para ser empunhado como meio de agressão ou defesa e, por isso, o bastão está ao nível de "engenhos ou instrumentos construídos exclusivamente com o fim de serem utilizados como arma de agressão".

Já aconteceu, no entanto, o tribunal concluir que determinado bastão (de madeira e vendido em feiras tradicionais com a inscrição "regalo de boda") não integrava o conceito de bastão previsto no Regime Jurídico das Armas e Munições, porque não tinha sido fabricado com a finalidade de agredir, nem era essa a sua utilidade normal.

38.
Posso plantar canábis em casa?

O Nelson comprou um T1 com um terraço ótimo cheio de sol, onde tem vindo a dedicar-se à jardinagem.

Recentemente, lembrou-se que o seu pacato terraço poderia ser um bom local para começar a sua plantação caseira de canábis, e convidou o Custódio a juntar-se ao programa. Mais prudente, o Custódio aconselhou o Nelson a não se apressar na compra dos vasos para a canábis, porque tinha ideia de que o seu cultivo também podia ser crime. Será que o Custódio tem razão?

Sim, o Custódio está claramente mais por dentro da legislação relativa ao tráfico de estupefacientes do que o Nelson. O tráfico de droga não implica só vender substâncias estupefacientes, mas todas as fases do processo por que passam essas substâncias até ser atingido o produto final. Ou seja, mesmo que o Nelson se limite a cultivar canábis, pode estar a cometer um crime de tráfico de estupefacientes e a pena de prisão pode ir até aos 12 anos.

A exceção para se poder plantar canábis sem ter qualquer problema com as autoridades é ter autorização para fazer esse cultivo. A cannabis tem conhecidos fins medicinais, e por isso é possível pedir autorização ao Infarmed para plantar canábis para esses fins. Só depois de obtida essa autorização é que se pode começar a plantar.

A pena é substancialmente menor (mas não deixa de se praticar um crime) se se concluir que a plantação é para consumo próprio, caso em que o Nelson pode apanhar três meses de prisão.

E quando é que se considera que é para consumo próprio? No caso da canábis, concretamente da planta (e não dos óleos, resinas, etc), considera-se que a dose média diária de consumo é de 2,5 gramas. Se o Nelson tiver uma plantação de canábis cujo peso total não exceda três dias de consumo (inferior, portanto, a 7,5 gramas), a pena máxima é de três meses de prisão;

se exceder os 7,5 gramas, até uma quantidade equivalente a um consumo médio de 10 dias (25 gramas), a pena de prisão pode ir até 1 ano.

É frequente a discussão nos tribunais sobre o que é consumo próprio, e é frequente os traficantes de droga procurarem eximir-se à condenação do tráfico de estupefacientes alegando que o produto que lhes foi apreendido era apenas para seu consumo. Mas os tribunais não se convencem facilmente.

A propósito de uma apreensão em Albufeira em que o Arguido fora condenado pela prática de um crime de tráfico de estupefacientes, e confrontado com a defesa por parte do Arguido de que detinha droga apenas para seu consumo, o Tribunal da Relação de Évora notou que "*A vontade em ver reconhecida ao Arguido a qualidade de consumidor de canábis prende-se com o convencimento de que, por essa via, se justifica o cultivo e detenção dessa substância estupefaciente. E assim poderia ser, não fora a quantidade de canábis que o Arguido cultivou e detinha em seu poder – 9 455,994 gramas de folhas/sumidades, suscetível de ser dividido em 5011 (cinco mil e onze) doses. Neste contexto, é absolutamente irrazoável idear que o Arguido produziu para seu consumo exclusivo a quantidade de droga acabada de mencionar. Desde logo, porque o tempo que o Arguido demoraria a consumir tal quantidade de canábis retirar-lhe-ia qualquer propriedade estupefaciente*".

As boas notícias para os envolvidos neste tipo de crimes são que o vaso não contribui para a determinação do peso!

39.
Quando posso filmar em público?

O Bruno assistiu a uma cena de pancadaria à porta de casa, e começou a gravar tudo para poder entregar o vídeo à polícia para que servisse como prova no futuro.

Foi surpreendido com um processo por crime de gravações ilícitas iniciado pelo autor das agressões... E agora não sabe o que fazer, porque achou que a sua obra cinematográfica não lhe daria mais nada além de um eventual globo de ouro.

Por regra, não podemos filmar ninguém contra a sua vontade. Mesmo que não mostremos os vídeos ou as fotografias a ninguém, se a pessoa retratada não aceitou ser filmada ou fotografada, estamos já a cometer um crime de fotografia ilícita. Se a nossa intenção com essa gravação for intrometer-nos na vida privada de alguém, pode estar em causa um crime de devassa da vida privada.

Ao darmos publicidade à captação de imagem que tenhamos feito, agravamos a conduta criminosa e por isso a pena pode ser mais alta. Mas todas as regras têm exceções.

Por exemplo, uma figura pública num evento público pode ser fotografada ou filmada sem ter de individualmente autorizar cada pessoa a fotografá-la ou filmá-la, tendo em conta a sua notoriedade. Se estiver dentro de casa ou numa situação privada, tem direito a que se preserve a sua imagem e a sua privacidade.

No caso do Bruno, ele pode alegar que o interesse em perseguir criminalmente uma pessoa que está a praticar um crime de ofensa à integridade física sobre outra é superior ao direito à imagem do agressor, o que pode fazer com que a sua conduta não seja considerada ilegal.

Pode mesmo acontecer que, no processo da cena de pancadaria, o tribunal venha a considerar que, por serem gravações ilícitas, a prova que se obteve quanto à autoridade do agressor é nula, não podendo ser utilizada.

Mas, claro, a questão terá sempre de ser apreciada pelo Ministério Público, que decidirá acusar ou não (tanto pelo crime de ofensas à integridade física, num processo, e pelo crime de gravação ilícita, noutro processo), e, posteriormente, caso haja acusação, a questão será apreciada por um tribunal.

Há até casos verdadeiramente caricatos em que a pessoa que praticou o crime que foi gravado foi absolvida, e a pessoa que gravou o crime a acontecer foi condenada.

Nos Estados Unidos, as pessoas têm o direito de gravar ações policiais em curso, mesmo sem se estar a passar nada de extraordinário. Mas em Portugal isso não é, em princípio, permitido. Aplicam-se às ações policiais as mesmas regras de que falámos. Ou seja, por princípio não podemos filmar uma acção policial, mas se estiver em causa a defesa de um interesse protegido ou uma situação de legítima defesa, essas gravações podem deixar de ser consideradas proibidas.

40.
O que é a suspensão provisória do processo?

O Daniel, numa fase menos feliz da sua vida, decidiu furtar um telemóvel à Sónia, num momento em que a apanhou distraída na pista de dança da discoteca.

Rapidamente foi apanhado, porque se esqueceu de desligar os serviços de localização do telefone.

A Sónia fez queixa contra ele, que foi constituído arguido pelo crime de furto, punível, neste caso, com pena de prisão até três anos ou pena de multa.

Entretanto, Daniel recebeu em casa uma carta vinda do tribunal, onde o Ministério Público lhe propunha uma suspensão provisória do processo. Como não sabia o que isso significava, Daniel foi perguntar ao seu advogado se devia ou não aceitar aquilo que lhe era proposto.

A suspensão provisória do processo é uma medida que visa evitar que o processo siga para julgamento e é determinada pelo Ministério Público e aprovada pelo Juiz de Instrução. É uma solução que é aplicável a crimes de reduzida gravidade – por exemplo, a alguém que está a ser investigado pelo crime de homicídio nunca poderá ser proposta a suspensão provisória do seu processo.

Mas voltando ao Daniel e à Sónia: o arguido e a vítima (caso ela se tenha constituído Assistente) têm de concordar com a aplicação deste instituto, que implica sempre que se imponham ao arguido injunções e regras de conduta. Também só é possível haver suspensão provisória do processo quando estejam em causa crimes puníveis com pena de prisão até 5 anos. Se a moldura abstrata for mais elevada, não poderá aplicar-se o instituto.

Para ser possível aplicar a suspensão provisória do processo, é preciso que estejam reunidos os seguintes pressupostos:

a) Concordância do arguido e do assistente;
b) Ausência de condenação anterior por crime da mesma natureza;
c) Ausência de aplicação anterior de suspensão provisória de processo por crime da mesma natureza;
d) Não haver lugar a medida de segurança de internamento;
e) Ausência de um grau de culpa elevado; e
f) Ser de prever que o cumprimento das injunções e regras de conduta responda suficientemente às exigências de prevenção que no caso se façam sentir.

Reunidos estes pressupostos, o Ministério Público vai impor certas injunções ou condutas ao arguido:

a) Indemnizar o lesado;
b) Dar ao lesado satisfação moral adequada;

c) Entregar ao Estado, a instituições privadas de solidariedade social, associação de utilidade pública ou associações zoófilas legalmente constituídas certa quantia ou efetuar prestação de serviço de interesse público;
d) Residir em determinado lugar;
e) Frequentar certos programas ou actividades;
f) Não exercer determinadas profissões;
g) Não frequentar certos meios ou lugares;
h) Não residir em certos lugares ou regiões;
i) Não acompanhar, alojar ou receber certas pessoas;
j) Não frequentar certas associações ou participar em determinadas reuniões;
l) Não ter em seu poder determinados animais, coisas ou objetos capazes de facilitar a prática de outro crime;
m) Qualquer outro comportamento especialmente exigido pelo caso.

Há limites na imposição de condutas ao arguido: não lhe podem ser impostas injunções ou regras de conduta que ofendam a sua dignidade.

Esta suspensão pode durar até dois anos. Nesse período de tempo, Daniel não pode cometer crime da mesma natureza e tem de cumprir as regras e injunções que lhe forem impostas. Senão, acaba-se a suspensão e o processo prossegue os seus termos.

Caso Daniel se porte bem e cumpra as injunções impostas, o processo é arquivado e nunca mais poderá ser reaberto.

Se Daniel aceitar aquilo que o Ministério Público lhe propõe, não ficará com cadastro.

Parecem ser apenas vantagens, mas pode haver situações em que se justifique não aceitar a suspensão provisória.

Se, por um lado, o problema fica resolvido, a verdade é que o arguido nunca poderá provar a sua inocência. Em certos casos, pode ser uma questão de honra e de princípio querer ser julgado para procurar demonstrar que se é inocente, e ter uma absolvição transitada em julgado.

41. A prostituição é crime?

Em Portugal, a prostituição não é crime. Aquilo que é crime em Portugal é fomentar, favorecer ou facilitar, profissionalmente ou com intenção lucrativa, o exercício por outra pessoa de prostituição. Isto significa que a atividade daqueles que, em linguagem corrente, se chama de "chulos" é que é ilegal no nosso país – é o crime de lenocínio.

A pena para quem pratique lenocínio é, em princípio, de seis meses a cinco anos, mas esta pena pode ser agravada em casos em que se verifiquem determinadas circunstâncias. Se o crime de lenocínio for praticado com recurso à violência ou ameaça grave, através de ardil ou manobra fraudulenta, com abuso de autoridade resultante de uma relação familiar, de tutela ou curatela, ou de dependência hierárquica, económica ou de trabalho, ou aproveitando-se o "chulo" de incapacidade psíquica ou de situação de especial vulnerabilidade da vítima, a pena pode ir de um a oito anos de prisão.

Com a incriminação do lenocínio, pretende essencialmente proteger-se a liberdade sexual individual da prostituta e a sua dignidade pessoal.

O crime de lenocínio pode ser classificado como simples ou como agravado: a diferença está na natureza do relacionamento entre quem explora e quem se prostituiu, isto é, na existência ou não da corrupção da livre determinação sexual. Se há livre determinação sexual de quem se prostitui – isto é, se a pessoa se prostitui porque quer –, o lenocínio é simples; se não houver essa liberdade, o lenocínio é agravado.

O crime de lenocínio surge ainda como dimensão do tráfico de pessoas, em que o tráfico de mulheres é um fenómeno em crescimento, nomeadamente na União Europeia. Também o tráfico de pessoas é crime em Portugal.

A lei prevê expressamente que é punido com pena de prisão de três a dez anos quem oferecer, entregar, recrutar, aliciar, aceitar, transportar, alojar ou acolher pessoa para fins de exploração, incluindo a exploração sexual, a exploração do trabalho, a mendicidade, a escravidão, a extração de órgãos ou a exploração de outras atividades criminosas:

a) Por meio de violência, rapto ou ameaça grave;
b) Através de ardil ou manobra fraudulenta;
c) Com abuso de autoridade resultante de uma relação de dependência hierárquica, económica, de trabalho ou familiar;

d) Aproveitando-se de incapacidade psíquica ou de situação de especial vulnerabilidade da vítima; ou

e) Mediante a obtenção do consentimento da pessoa que tem o controlo sobre a vítima.

42. O que é uma pena de prisão suspensa?

Uma pena de prisão pode ser efetiva ou suspensa.

A pena será efetiva quando a pessoa condenada for efetivamente "dentro", ou seja, quando tiver mesmo de cumprir a pena de prisão; a pena dir-se-á suspensa quando a pessoa não tenha de cumprir, na prática, a pena de prisão em que foi condenado.

Mas em que casos pode uma pena de prisão ser suspensa? O juiz pode decidir suspender a pena porque ficou com pena do arguido? Nem por isso.

O tribunal só pode suspender a execução da pena de prisão quando não seja superior a cinco anos e se concluir que, atendendo à personalidade do agente, às condições da sua vida, à sua conduta anterior e posterior ao crime e às circunstâncias deste, a simples censura do facto e a ameaça da prisão realizam de forma adequada e suficiente as finalidades da punição. Assim, se alguém for condenado a uma pena de prisão até cinco anos e se, por exemplo, não tiver antecedentes, demonstrar arrependimento, estiver inserido social e profissionalmente na sociedade, e o tribunal ficar convencido de que a simples ameaça de prisão fez com que o arguido ficasse suficientemente "assustado" para não voltar a praticar o crime e para que a sociedade se convença que o sistema judicial funcionou, é muito provável que a pena seja suspensa.

Mas a suspensão pode estar subordinada ao cumprimento de certos deveres ou à observância de regras de conduta.

O tribunal pode, por exemplo, determinar que a suspensão da pena de prisão fique condicionada ao pagamento, pelo condenado, dentro de certo prazo, de uma indemnização devida ao lesado, ou a garantir o seu pagamento por meio de caução idónea ou mesmo a que o condenado dê ao lesado uma satisfação moral adequada.

A decisão que aplica a pena suspensa também pode prever que o arguido tenha de entregar a instituições, públicas ou privadas, de solidariedade social ou ao Estado, uma contribuição monetária ou prestação de valor equivalente.

Estes deveres não podem, no entanto, representar para o condenado obrigações cujo cumprimento não seja razoavelmente de lhe exigir. Por exemplo, o tribunal não pode determinar que a suspensão da pena esteja condicionada ao pagamento pelo arguido à vítima de um milhão de euros, se sabe que o arguido aufere o salário mínimo nacional.

Também é possível que o tribunal imponha ao condenado, pelo tempo de duração da suspensão, certas regras, umas de conteúdo positivo, outras de conteúdo negativo. Por exemplo, de conteúdo positivo, residir em determinado lugar, frequentar certos programas ou atividades, ou cumprir determinadas obrigações. De conteúdo negativo, não exercer determinadas profissões, não frequentar certos meios ou lugares, não residir em certos lugares ou regiões, não acompanhar, alojar ou receber determinadas pessoas, entre outros.

Há, ainda, a possibilidade de a suspensão ser acompanhada de regime de prova. O regime de prova assenta num plano de reinserção social, executado com vigilância e apoio, durante o tempo de duração da suspensão, dos serviços de reinserção social.

E pode acontecer que a pena suspensa passe a efetiva?

Sim! Se, por exemplo, o condenado não cumprir algum dos deveres que lhe foi imposto ou se cometer um crime durante o período de suspensão, pode ver a pena suspensa transformar-se em efetiva.

Mas o cometimento de um crime pelo arguido no decurso do período da suspensão não gera, de forma automática, a revogação da suspensão da execução da pena. Só deve ser revogada a suspensão se o tribunal concluir que as finalidades que estiveram na base da suspensão não foram alcançadas. Importará saber se, apesar da prática, pelo arguido, de um crime no período de suspensão, ainda é possível formular um juízo de prognose positiva em relação ao seu futuro, se "ainda há esperança", evitando-se, assim, a imposição da pena efetiva que só deve ter lugar quando se concluir que estão irremediavelmente comprometidas as esperanças de reintegração social que estiveram na base da aplicação da uma pena de prisão suspensa.

43.
O que é um crime público?

Em tempos, circulou na *internet* uma petição para que o crime de violação passasse a ser classificado como um "crime público". Mas o que é que isso significa exatamente?

Há três "classes" de crimes: crimes públicos, crimes semi-públicos e crimes particulares.

Um crime público é um crime que é investigado pelas autoridades sem necessidade de queixa da vítima. Por exemplo, se há um homicídio, o Ministério Público vai abrir um processo-crime sem que a família da vítima tenha de apresentar queixa e pedir às autoridades que investiguem e apurem responsabilidades. O homicídio é um exemplo de crime público.

Os crimes particulares são aqueles em que, para que seja desencadeado um procedimento criminal, é preciso que o ofendido, além de apresentar queixa, se constitua como Assistente no processo e deduza uma acusação particular. É o caso, por exemplo, do crime de difamação. Se alguém publicar na *internet* um artigo a difamar-me, só existirá um processo-crime se eu me queixar às autoridades, se me constituir Assistente e mais tarde deduzir uma acusação particular contra a pessoa que considero que me difamou. Se eu nada fizer, as autoridades não têm legitimidade para abrir um processo-crime e investigar. Aquilo que o Ministério Público faz quando termina o inquérito por um crime particular é dar o seu parecer sobre se se reuniram indícios suficientes sobre aquele crime ou não, e a partir daí eu tenho um prazo para deduzir a acusação particular contra a pessoa que me difamou.

Há crimes que estão a meio-caminho entre os crimes públicos e os crimes particulares: são os chamados crimes semi-públicos. Em relação a estes crimes, basta o ofendido apresentar queixa para que o Ministério Público possa promover o processo-crime, mas, sem queixa, o Ministério Público não tem legitimidade para iniciar o processo. A violação é um crime semi-público, o que significa que se a vítima de violação não quiser apresentar queixa, o violador sairá impune porque o Ministério Público não pode tomar a iniciativa de abrir um processo-crime contra ele. A petição que circulou na *internet* pretendia que o crime de violação passasse a ser um crime público, o que permitiria a abertura de processos-crime mesmo nos casos em que as vítimas não apresentassem queixa.

No caso dos crimes particulares e semi-públicos, ou seja, nos casos em que é obrigatório apresentar queixa para que as autoridades possam investigar e criar um processo, há um prazo máximo de 6 meses para apresentar essa queixa; nos crimes públicos, o prazo para se iniciar o processo (sem necessidade de queixa, basta as autoridades terem conhecimento do crime até, por exemplo, através da comunicação social) é o prazo de prescrição do crime respetivo.

Nos crimes particulares e semi-públicos, há também a possibilidade de desistência de queixa. Se a vítima desistir da queixa apresentada, o processo termina. Nos crimes públicos não é possível desistir da queixa.

Um exemplo emblemático de um crime em que muitas vezes a vítima desistia da queixa a meio era o crime de violência doméstica, o que acontecia porque muitas vezes as vítimas continuavam sob apertada influência e controlo do seu parceiro e por isso, desde 2007, o crime de violência doméstica passou a ser um crime público, para maior protecção das vítimas. Isso quer dizer que, mesmo que a vítima nunca apresente queixa (e sejam os vizinhos, por exemplo, a apresentar queixa pelos factos de que se vão dando conta), o processo seguirá em frente e o autor do crime poderá ser condenado, sem que a vítima nunca tenha tido intervenção. Quer também dizer que, mesmo que a vítima queira desistir da queixa, o processo continuará.

Há apenas um crime que não se enquadra necessariamente em nenhuma destas classes de crimes: o crime de ofensa à honra do Presidente da República. Quem injuriar ("chamar nomes") ou difamar (disser inverdades desonrosas sobre) o Presidente da República, pode ser punido com pena de prisão até 3 anos ou pena de multa.

Este é um crime público, na medida em que não depende de queixa para que se inicie o procedimento criminal. Mas tem uma nuance: se o Presidente quiser, pode declarar expressamente que desiste do procedimento criminal, que assim terminará. Ou seja, acaba por ser uma versão "híbrida": é crime público, mas de que se pode desistir.

Este agravamento da pena do crime de difamação quando praticado em relação ao Presidente da República, tem sido considerado, pelo Tribunal Europeu dos Direitos Humanos, como violador da liberdade de expressão por introduzir um efeito intimidatório nas eventuais críticas a um ator político.

44.
Não sabia que andar de bicicleta bêbedo era crime. A minha ignorância pode safar-me?

O Miguel regressava alegremente a casa, vindo de uma festa da aldeia, de bicicleta, visivelmente embriagado. Na curva antes de casa, foi parado no âmbito de uma operação STOP, foi-lhe ordenado que "soprasse o balão" e o teste de alcoolemia veio a revelar uma taxa de álcool no sangue de 2,070 g/l, depois de deduzido o erro máximo admissível.

O Miguel explicou aos polícias que não fazia ideia de que conduzir uma bicicleta bêbedo era crime e que estava plenamente convencido de que só não poderia conduzir depois de beber no caso de conduzir veículos com motor. Por isso mesmo, explicou aos agentes, deixou o seu carro na festa e pediu a bicicleta emprestada ao primo.

A polícia disse-lhe que não se safava com essa explicação e desejou-lhe boa sorte para o julgamento.

O Miguel veio, de facto, a ser acusado de um crime de condução de veículo em estado de embriaguez e, em sede de contestação, argumentou que apenas levou a bicicleta por considerar que era legal conduzir velocípedes (bicicletas) em estado de embriaguez. O advogado do Miguel invocou aquilo a que se chama, em direito, um "erro sobre a ilicitude", erro esse que, de acordo com o advogado, não lhe era censurável uma vez que a maior parte das pessoas estava convencida de que os veículos sem motor podiam ser conduzidos em estado de embriaguez, o que devia determinar a ausência de culpa e por isso mesmo a não aplicação ao Miguel, entretanto arguido, de qualquer pena.

O tribunal não aceitou, porém, a justificação do Miguel e explicou que não só a punição da condução de velocípede em estado de embriaguez não era uma questão discutível e controvertida, como tinha resultado provado que o Miguel sabia e queria conduzir a bicicleta do amigo na via pública em estado de embriaguez – na verdade, o "erro" do Miguel era apenas sobre a punibilidade da condução de velocípede naquele estado.

O tribunal também notou que era do conhecimento comum que a condução em estado de embriaguez punha em causa a segurança rodoviária e os bens jurídicos individuais a ela associados, designadamente a vida e a integridade física, crescentemente colocados em perigo pelo consumo de bebidas alcoólicas acompanhadas do exercício da condução, quer atingindo terceiros, quer os próprios condutores.

Ao Miguel foi ainda explicado que a generalidade dos cidadãos não ignorava que a proibição em causa estava intrinsecamente relacionada com a diminuição (que pode ser drástica) da aptidão para conduzir em segurança, independentemente do tipo de veículo conduzido, e que tal ilícito tem natureza penal quando a taxa de álcool no sangue atinge valores determinados.

E assim, o Miguel foi mesmo condenado.

É verdade que há situações em que o "erro sobre a ilicitude" pode atenuar a culpa do arguido, mas para que assim seja é preciso concluir que, na situação concreta, a pessoa não tinha a obrigação de suspeitar que aquele ato realmente era ilícito. Na verdade, a pessoa não tem de conhecer a concreta norma que está a violar, mas basta-lhe uma consciência da ilicitude que, normalmente, se presume.

45.
O que é a prescrição?

Muitas vezes, os processos judiciais mais complexos demoram anos a ser investigados, e quando chega a altura da eventual condenação, o crime prescreveu. O que é, afinal, a prescrição, para que serve e como se conta?

A prescrição de que vamos falar aqui é a prescrição do procedimento criminal, ou seja, o prazo até ao qual os crimes podem ser investigados e até ao qual quem os praticou pode ser punido. Quando o crime prescreve, não significa que não se considera que o crime foi ou possa ter sido praticado por determinada pessoa; significa apenas que já passou tanto tempo desde a prática desse crime, que o Estado considera que a perseguição penal já não é necessária, útil ou conveniente.

Em Portugal, só os crimes de violação de direito internacional humanitário (crimes de genocídio, crimes contra a humanidade ou crimes de guerra) é que nunca prescrevem. Todos os outros crimes, mais tarde ou mais cedo, acabam por prescrever.

Há quatro prazos de prescrição: 15 anos, 10 anos, 5 anos e 2 anos. A aplicação de cada um destes prazos a um determinado crime depende daquilo a que chamamos a "moldura abstrata" da pena. Assim, se um crime tiver uma moldura máxima superior a 10 anos, prescreve em 15; se tiver uma moldura máxima igual ou superior a 5 anos, prescreve em 10; se tiver uma moldura máxima entre 1 e 5 anos, prescreve em 5 anos; e todos os restantes casos prescrevem em 2 anos. Por exemplo, o crime de homicídio tem uma moldura penal abstrata de pena de prisão entre 8 a 16 anos – ou seja, quem for condenado por este crime nunca poderá ser condenado a uma pena inferior a 8 anos, nem superior a 16 anos – o que significa que o prazo de prescrição são 15 anos.

No caso do prazo de prescrição de 15 anos, ele aplica-se também a vários crimes cuja moldura penal é mais baixa, como por exemplo a corrupção (pena até 8 anos), o que se justifica pelo facto, por exemplo, de serem crimes mais difíceis de investigar.

A regra geral é a de que o prazo de prescrição começa a contar desde a "consumação" do crime – no caso de um homicídio, o prazo começa a contar desde o dia em que a vítima morreu.

Mas há crimes que continuam a ser praticados ao longo do tempo, no mesmo contexto, e nesses casos o prazo só se começa a contar desde o dia em que se praticou o último acto – por exemplo, um filho que todas as semanas, durante 3 anos, tira dinheiro da carteira da mãe, estará a cometer um crime de furto continuado, e o prazo de prescrição só se contará a partir do último dia em que ele tirou dinheiro da carteira da mãe.

Há também crimes de execução permanente, em que só se começa a contar o prazo de prescrição desde o momento em que termina essa execução permanente – por exemplo, num crime de sequestro, o dia que conta para efeitos de contagem do prazo de prescrição é o dia em que a pessoa sequestrada é posta em liberdade.

Há depois uma série de vicissitudes que interrompem ou suspendem o prazo de prescrição. Quando o prazo é interrompido, começa a contar um novo prazo desde o início; quando é suspenso, o prazo recomeça de onde estava assim que se reinicia.

O prazo de suspensão também tem prazos máximos. Não pode durar mais de três anos, quando o procedimento criminal estiver pendente a partir da notificação da acusação ou, não tendo esta sido deduzida, a partir da notificação da decisão instrutória que pronunciar o arguido; pode durar entre 5 a 10 anos, se a sentença condenatória já notificada ao arguido não transitar em julgado; pode durar o prazo normal de prescrição para o crime em causa se tiver havido declaração de contumácia.

O primeiro ato de interrupção da prescrição é a constituição como arguido, ou seja, o momento a partir do qual o suspeito passa a ter conhecimento de que as autoridades desconfiam que praticou um crime e pode vir a ser julgado e condenado por isso.

Independentemente de todas as interrupções que haja, e ressalvados os prazos de suspensão, qualquer crime prescreve assim que tiver decorrido o prazo normal de prescrição, acrescido de metade.

46.
Quais os passos de um processo-crime?

O Márcio foi sair à noite com a namorada, quando um grupo de rapazes passa por ela e começa a importuná-la. Márcio fica furioso e dá um murro num dos rapazes, que de imediato vai apresentar queixa por um crime de ofensas à integridade física. Márcio fica preocupado e quer saber como é que tudo se vai processar a partir de agora.

Há três fases principais de um processo-crime: a fase de inquérito, a fase de instrução e a fase de julgamento.

Quando se inicia o processo – neste caso, com a queixa que fizeram contra o Márcio – começa a fase de inquérito: é aberto um "dossier" a que se atribui um "Número Único de Inquérito em Processo Criminal" e têm início todas as diligências de investigação e de recolha de prova. É aquela altura em que, nas séries policiais, as equipas forenses autopsiam os corpos, recolhem os vestígios do local do crime, "entrevistam" testemunhas e suspeitos, etc.

Quando as autoridades considerarem que já conseguiram reunir indícios suficientes para demonstrar qual foi o crime praticado e quem o praticou, deduzem acusação. É a acusação que marca o fim desta primeira fase do processo.

Confrontado com a acusação, o Márcio tem duas hipóteses: ou não se conforma de todo com a conclusão a que o Ministério Público chegou, achando que não há quaisquer indícios de que ele praticou o crime por que é acusado, e requer a abertura da instrução, ou então conforma-se com essa acusação, e o processo segue logo para julgamento. Pode também pedir uma suspensão provisória do processo.

A suspensão provisória do processo é um instituto que pode ser aplicado em processos onde estejam em causa crimes puníveis com pena até 5 anos. É determinado pelo Ministério Público e aprovado pelo Juiz de Instrução, e permite que o processo fique suspenso, sujeitando o arguido ao cumprimento de determinadas injunções e regras de conduta, e evitando, assim, um julgamento.

A fase de instrução é facultativa. Se o Márcio quiser contestar os indícios da acusação, dirige um requerimento ao juiz de instrução, explicando por que razões não concorda com a acusação que lhe é feita, e junta a prova que considera ser suficiente para contrariar os indícios que constam da acusação. Essa prova é, em princípio, produzida (o juiz de instrução pode rejeitar o pedido de Márcio, se considerar que a prova não interessa à instrução ou serve apenas para dilatar mais o andamento do processo), há o chamado debate instrutório, em que as várias partes resumem os seus argumentos, e no fim o juiz decide. A esta decisão chama-se despacho instrutório. Se o despacho instrutório for no sentido de concordar com a acusação, considerando haver indícios de que o Márcio cometeu o crime por que vem acusado, chama-se despacho de pronúncia; se for no sentido de concordar com o arguido, chama-se despacho de não pronúncia.

Se o Márcio for pronunciado (ou se não tiver pedido a instrução), é sujeito a julgamento.

O despacho de instrução marca o fim da fase de instrução.

O tribunal de julgamento vai receber o processo e ver se está tudo bem para se prosseguir: vai sanear o processo, e determinar se há nulidades sobre as quais se deva pronunciar. Entramos na fase de julgamento. Depois, o tribunal vai notificar Márcio deste despacho, notificando-o para contestar a acusação que foi deduzida contra ele e arrolar testemunhas. Márcio não é obrigado a contestar nem a apresentar qualquer versão dos factos, mas convém arrolar testemunhas e apresentar prova que tenha a seu favor.

Durante o julgamento produz-se a prova de todas as partes do processo. Por regra, a prova produz-se pela seguinte ordem: Ministério Público, Assistente e partes civis e no fim o Arguido. O Arguido tem sempre a última palavra, e pode prestar declarações em qualquer momento.

Depois de produzida a prova, há alegações finais orais, também pela mesma ordem, onde o advogado de cada parte resume a sua posição, e o tribunal depois profere a sua decisão. A lei prevê que a sentença seja proferida de imediato, finda a discussão da causa, o que é raro acontecer. Nos casos em que a complexidade do processo o justifique, pode ser marcada a leitura da sentença para os 10 dias seguintes. Mas, na prática, acontece com frequência que as sentenças sejam lidas várias semanas – por vezes, meses – depois do fim do julgamento.

Depois da sentença, há sempre, para a parte derrotada, a possibilidade de recorrer, pelo menos uma vez, da decisão proferida e por isso pensar que com o fim do julgamento o processo terminou é uma ilusão. O recurso para o Tribunal Constitucional tornou-se mesmo, para os arguidos mais abonados, uma forma de prolongar desmesuradamente os processos.

47.
O que significa ser arguido?

Ouvimos frequentemente, na televisão e nos jornais, que alguém foi constituído arguido. Mas afinal o que significa ser arguido num processo?

A nossa lei prevê que assume a qualidade de arguido todo aquele contra quem for deduzida acusação ou requerida instrução num processo penal.

Mas, além disso, há determinadas situações em que, embora ainda não exista uma acusação nem tenha sido requerida instrução, é obrigatória a constituição de uma pessoa como arguida:

- Quanto corra inquérito contra pessoa determinada em relação à qual haja suspeita fundada da prática de crime e esta prestar declarações perante juiz, ministério público ou polícia;
- Quando tenha de ser aplicada a qualquer pessoa uma medida de coação ou de garantia patrimonial;
- Quando um suspeito for detido; ou
- Quando for levantado auto de notícia que dê uma pessoa como agente de um crime e aquele lhe for comunicado, salvo se a notícia for manifestamente infundada.

A constituição de arguido faz-se através da comunicação, oral ou por escrito, feita à pessoa em causa por um juiz, magistrado do Ministério Público ou polícia, de que a partir desse momento deve considerar-se arguido num processo penal. Nesse momento, a pessoa que "ganha" o estatuto de arguido passa a ter vários direitos e deveres que a lei lhe atribui.

Na verdade, um arguido tem mais direitos que uma testemunha. Desde logo, tem o direito a ficar em silêncio ou, nas palavras da lei, o direito de não responder a perguntas feitas, por qualquer entidade, sobre os factos que lhe forem imputados e sobre o conteúdo das declarações que acerca deles prestar.

Além disso, o arguido tem direito a estar presente nos atos processuais que diretamente lhe disserem respeito; a ser ouvido pelo tribunal ou pelo juiz de instrução sempre que eles devam tomar qualquer decisão que pessoalmente o afete; e ser informado dos factos que lhe são imputados antes de prestar declarações perante qualquer entidade.

O arguido tem também direito a constituir advogado ou solicitar a nomeação de um defensor (pelo Estado) – sendo que o seu defensor poderá acompanhar todos os atos processuais em que o arguido participar e, se este tiver detido, o advogado poderá comunicar com ele, em privado. Se o arguido for menor, pode ser acompanhado pelos pais ou por quem tenha a sua guarda.

Ao longo do processo, o arguido tem também direito a intervir, desde logo nas primeiras fases (inquérito e instrução), oferecendo provas e requerendo as diligências que se lhe afigurarem necessárias e sendo informado dos direitos que lhe assistem.

Um direito muito importante do arguido é também o direito de recorrer, nos termos da lei, das decisões que lhe forem desfavoráveis.

Esta qualidade de arguido conserva-se durante todo o decurso do processo.

Por outro lado, o arguido também tem certos deveres inerentes ao seu estatuto:

- Tem de comparecer perante o juiz, o Ministério Público ou os órgãos de polícia criminal sempre que a lei o exigir e para tal tiver sido devidamente convocado;
- Tem de responder com verdade às perguntas feitas por entidade competente sobre a sua identidade;
- Tem de prestar termo de identidade e residência logo que assuma a qualidade de arguido;
- Tem de sujeitar-se a diligências de prova e a medidas de coação e garantia patrimonial especificadas na lei e ordenadas e efetuadas por entidade competente.

O tão ouvido termo de identidade e residência (também chamado de TIR, como os camiões) é a medida de coação mais leve do nosso sistema penal e é aplicada sempre que alguém é constituído arguido.

O TIR implica a identificação do arguido e a indicação da sua residência ficando o arguido obrigado a comparecer perante as autoridades sempre que a lei o obrigar ou para tal for notificado, e a não mudar de residência nem dela se ausentar por mais de cinco dias sem comunicar a nova residência ou o lugar onde possa ser encontrado.

O arguido não precisa de pedir autorização para ir uma semana de férias, por exemplo, mas tem de informar o processo que vai estar fora esses dias e indicar uma morada onde possa ser encontrado, se necessário.

Além do TIR, podem ser impostas outras medidas de coação a um arguido, sendo que a aplicação de qualquer medida de coação deve ser proporcional e adequada à situação processual concreta. As medidas de coação previstas na nossa lei são o termo de identidade e residência, a caução, a obrigação de apresentação periódica, a suspensão do exercício de funções, de profissão e de direitos, a proibição de permanência, de ausência e contactos, a obrigação de permanência na habitação e a prisão preventiva. Com exceção do TIR, estas medidas só podem ser aplicadas por juiz.

Ser arguido é diferente de ser um mero suspeito. O suspeito não é um sujeito processual e por isso, ao contrário do arguido, não tem direitos nem deveres.

Apesar de a expressão arguido poder ter uma conotação desagradável, a verdade é que a Constituição da República Portuguesa estatui que "*todo o arguido se presume inocente até ao trânsito em julgado da sentença de condenação*". Esta previsão concretiza o tão falado princípio da presunção da inocência.

Também a Declaração Universal dos Direitos do Homem estatui, no seu artigo 11.º, que "*toda a pessoa acusada de um acto delituoso presume-se inocente até que a sua culpabilidade fique legalmente provada no decurso de um processo público em que todas as garantias necessárias de defesa lhe sejam asseguradas*".

Assim, ser arguido não significa ser culpado e não significa sequer que se esteja já acusado de qualquer crime.

Em 2020, mais de 50.000,00 pessoas eram arguidas em processos-crime em Portugal. Destas 50 mil, mais de 40 mil eram homens e a maior partes dos arguidos tinha essa qualidade por fundadas suspeitas de crimes contra outras pessoas, seguindo-se crimes previstos em legislação avulsa e crimes contra o património.

48.
O que é a contumácia?

A Salomé estava a ver as notícias quando ouviu que o Zé-Três-Dedos, conhecido por ser arguido em processos mediáticos, ia ser declarado contumaz. "Vai ser preso com o Tomás? Quem será o Tomás?", pensou. É claro que a Salomé tinha percebido mal. Não se falava de nenhum Tomás, mas do facto de o arguido ser declarado "contumaz".

A declaração de contumácia é feita em relação a Arguidos que recusem comparecer perante juiz, depois de notificados para tal.

O Zé-Três-Dedos está para ser julgado há que tempos, mas mudou-se para o estrangeiro, e até agora o tribunal não o conseguiu notificar para a audiência de discussão e julgamento, ou seja, para a fase de processo em que ele vai ser julgado pelos crimes que o Ministério Público lhe imputa. As notificações que o tribunal lhe envia vêm sempre devolvidas. Por isso, o Zé-Três-Dedos vai ser notificado, através de editais, da data em que terá início o seu julgamento para se apresentar em juízo. Caso não compareça, será declarado contumaz.

Os editais são notificações públicas, e vão ter o nome do Arguido, os crimes que lhe são imputados, as normas em que estão previstos esses crimes, e a advertência de que se não se apresentar na data prevista para o início do julgamento, será declarado contumaz.

O Zé-Três-Dedos ouviu a mesma notícia e ficou todo contente, porque a comunicação social explicou que o processo em que ele iria ser julgado ficará suspenso, caso ele não apareça e seja, por isso, declarado contumaz. Achou que, estando o processo suspenso, estaria 'safo' de quaisquer problemas, até porque não tencionava voltar a Portugal e muito menos apresentar-se às autoridades.

Mas a declaração de contumácia tem efeitos nefastos para o contumaz.

Desde logo, todos os negócios que celebre depois da declaração de contumácia serão inválidos. Por isso, se quiser vender o seu apartamento em Alfornelos para ter algum dinheiro para gastar na sua nova vida lá fora, não o poderá fazer, porque os negócios de natureza patrimonial serão anuláveis. É ao Ministério Público que incumbe invocar a anulabilidade do negócio, que será determinada pelo tribunal que declarou a contumácia.

O tribunal pode ainda, para desmotivar a situação de contumácia, decretar a proibição de obter determinados documentos, certidões ou registos junto de autoridades públicas, podendo ainda ordenar o arresto, na totalidade ou em parte, dos bens do arguido. Isto quer dizer que o Zé-Três-Dedos pode ficar impedido de renovar o seu passaporte, o que não lhe vai facilitar a vida.

A declaração de contumácia vai ainda ser notificada através de edital, que será afixado na porta da última residência conhecida de Zé-Três-Dedos e noutros locais de afixação de editais, e também ficará disponível online em https://tribunais.org.pt. Vai ser notificada também ao defensor e a um parente ou pessoa de confiança de Zé-Três-Dedos.

A prescrição do crime pelo qual o Zé-Três-Dedos é procurado também vai sofrer alterações. A declaração de contumácia vai suspender a prescrição, ou seja, o tempo que passar não vai contar para o prazo de prescrição.

Imaginemos que o crime prescreve em 10 anos, e já passaram 8 anos desde o início do processo quando Zé-Três-Dedos é declarado contumaz. O processo não vai prescrever ao fim dos 10 anos, ou seja, em 2 anos. Enquanto vigorar a declaração de contumácia, a contagem da prescrição suspende-se. Esta suspensão nunca poderá durar mais do que o prazo normal de prescrição. Isto significa que a declaração de contumácia de Zé-Três-Dedos vai estender o prazo máximo de prescrição, adicionando-lhe até mais 10 anos.

Além de suspender os prazos de prescrição, a declaração de contumácia também interrompe a sua contagem. Isto significa que, quando for levantada a contumácia, o prazo vai começar a contar desde o início.

49.
O racismo é crime?

Não é propriamente correto dizer que o racismo é crime. Na verdade, só em determinadas circunstâncias a prática do racismo será crime.

O nosso Código Penal prevê a existência de um crime chamado "Discriminação e incitamento ao ódio e à violência", mas para se considerar que foi praticado este crime não basta, por exemplo, que alguém tenha ou exprima uma opinião racista.

Na verdade, só será punido por este crime quem:

a) Fundar ou constituir organização ou desenvolver atividades de propaganda organizada que incitem à discriminação, ao ódio ou à violência contra pessoa ou grupo de pessoas por causa da sua raça, cor, origem étnica ou nacional, ascendência, religião, sexo, orientação sexual, identidade de género ou deficiência física ou psíquica, ou que a encorajem; ou
b) Participar na organização ou nas atividades referidas na alínea anterior ou lhes prestar assistência, incluindo o seu financiamento.

Este crime é punido com pena de prisão de um a oito anos.

Também será considerado agente do crime de discriminação e incitamento ao ódio e à violência quem, publicamente, por qualquer meio destinado a divulgação, nomeadamente através da apologia, negação ou banalização grosseira de crimes de genocídio, guerra ou contra a paz e a humanidade:

a) Provocar atos de violência contra pessoa ou grupo de pessoas por causa da sua raça, cor, origem étnica ou nacional, ascendência, religião, sexo, orientação sexual, identidade de género ou deficiência física ou psíquica;

b) Difamar ou injuriar pessoa ou grupo de pessoas por causa da sua raça, cor, origem étnica ou nacional, ascendência, religião, sexo, orientação sexual, identidade de género ou deficiência física ou psíquica;

c) Ameaçar pessoa ou grupo de pessoas por causa da sua raça, cor, origem étnica ou nacional, ascendência, religião, sexo, orientação sexual, identidade de género ou deficiência física ou psíquica; ou

d) Incitar à violência ou ao ódio contra pessoa ou grupo de pessoas por causa da sua raça, cor, origem étnica ou nacional, ascendência, religião, sexo, orientação sexual, identidade de género ou deficiência física ou psíquica;

O agente do crime, neste caso, corre o risco de ser punido com pena de prisão de 6 meses a 5 anos.

Não encontramos, na jurisprudência publicada dos nossos tribunais, muitas decisões sobre este crime. Na verdade, a mais relevante é do Tribunal da Relação de Lisboa e prende-se apenas com a decisão de permitir a fase de instrução após um inicial arquivamento de uma queixa feita pela SOS Racismo contra a autora de um artigo de opinião num jornal nacional.

A autora em causa escreveu frases que o Tribunal considerou conterem *"uma adjetivação generalista"* que *"não deixa de revelar uma manifestação de uma pretensa inferioridade de "ciganos" e "africanos" apresentando-os como inferiores a um outro grupo colocado a uma distância civilizacional e intelectual que partilha de "crenças", "códigos de honra" e "valores" moralmente superiores."*.

Decidiu o Tribunal que *"as afirmações feitas pela arguida, porque feitas de uma forma generalizante, dirigem-se a grupos identificados pela etnia, cor de pele ou origem nacional – "africanos" e "ciganos" – e as características que lhe são apontadas traduzem-se em juízos de valor, como seja e mormente, «não fazem parte de uma entidade civilizacional e cultural milenária "que dá pelo nome de Cristandade'» «"não descendem dos "Direitos Universais do Homem decretados pela Grande Revolução Francesa de 1789"», «os ciganos são "inassimiláveis"», «possuem um "modo disfuncional" de se "comportam nos supermercados, que "desrespeitam as mais elementares regras de civismo que presidem à habitação nos bairros sociais e no espaço público em geral"», «Africanos e afro-descendentes também se auto-excluem, possivelmente de modo menos agressivo, da comunidade nacional. Odeiam ciganos. Constituem etnias irreconciliáveis», «Os africanos são abertamente racistas: detestam os brancos sem rodeios; e detestam-se uns aos outros quando são oriundos de tribos ou "nacionalidades" rivais»."*

E, assim, pese embora o juiz de instrução tivesse rejeitado o requerimento de abertura de instrução após arquivamento por parte do Ministério Público, o Tribunal da Relação determinou a abertura de instrução e os ulteriores termos desta.

Isto significa que a autora do artigo de opinião poderá ter de ir a julgamento pelo crime identificado, vindo a ser condenada ou absolvida, no que será, certamente, uma interessante avaliação e ponderação entre o direito à liberdade de expressão e os valores protegidos por aquela incriminação.

50.
Testei positivo para a Covid-19, mas decidi na mesma ir ao supermercado. Há algum problema?

A Marisa acordou com dores de garganta e decidir fazer um teste Covid. Ficou muito chateada quando viu que tinha dado positivo, e decidiu fazer um PCR, que também devolveu resultado positivo.

Segundo as regras à data, Marisa tinha de ficar em confinamento durante 7 dias, o que lhe foi comunicado pelas autoridades de saúde. Mas como tende para o negacionismo, decidiu ir ao supermercado comprar fruta para fazer uns *smoothies*. Há algum problema?

Sim. Estando infetada e tendo recebido uma ordem de confinamento, ao violar essa ordem de confinamento a Marisa está a cometer um crime de desobediência punido com pena de prisão ou pena de multa até 120 dias.

A caminho do supermercado, a Marisa encontrou a sua tia Idalina, senhora idosa e com problemas cardíacos. Deu-lhe um grande abraço, dois beijinhos, e esteve 20 minutos em amena cavaqueira com ela, sem máscara, sem viseira, e sem a avisar de que estava infetada com Covid. Três dias depois, a tia Idalina teve um resultado positivo para a Covid, e acabou internada nos cuidados intensivos durante 3 semanas, onde esteve em perigo de vida.

Marisa, sabendo estar infetada, conhecendo os riscos de propagação da doença, e tendo consciência da idade e dos problemas de saúde da tia, cometeu um crime de propagação de doença contagiosa, punível com pena de prisão entre 1 a 8 anos.

Esta previsão legal aplica-se a todos os casos de doenças contagiosas. Se alguém contagia outra pessoa com determinada doença, sabendo que está infetado, e isso puser em perigo a vida ou em perigo grave a integridade física de alguém, está a cometer o crime de propagação de doença contagiosa.

Se o fizer de forma negligente, também comete um crime, que terá uma moldura penal mais baixa: a conduta é punível até 3 anos de prisão ou com pena de multa.

SABIAM QUE...

...os magistrados – juízes e procuradores – usam beca, e os advogados usam toga?

...os juízes não têm martelo?

... toda a gente na sala se deve levantar quando o juiz entra?

... as testemunhas não podem prestar declarações de braços cruzados?

... os advogados não podem fazer publicidade à qualidade dos seus escritórios?

... as crianças podem ser responsáveis por danos que causarem a partir dos 7 anos?

...todos os fornecedores ou prestadores de serviço com contacto com o público são obrigados a ter livro de reclamações?

...um menor com 16 ou 17 anos pode casar, se tiver autorização dos pais?

...uma promessa de casamento quebrada pode gerar direito a indemnização?

...o pai também pode ter direito a licença de paternidade?

...um nascituro – um bebé já concebido, mas que ainda não nasceu – pode ser herdeiro se o pai falecer antes do seu nascimento?

...quando uma mulher casada tem um filho, presume-se que esse filho é também do marido?

...não é crime fugir do país com uma pena de prisão por cumprir?